はじめに

1946年、牧師の家庭に8人きょうだいの5番目として生まれ、今74歳になりました。高校卒業後は、プロテスタントの牧師になるための神学校に進学。縁あって夫になる男性に出会い、卒業と同時に結婚しました。

それから、牧師の夫と一緒に47年間、教会を運営してきました。夫が病気で牧師を引退した後に、10年ほど私が牧師を務めていましたが、それも5年前に引退。今は協力牧師として週2回教会に通い、1、2ヵ月に1回、日曜日の礼拝の説教を担当しています。

長年、夫は牧師として教会を取り仕切り、私は「牧師の妻」として4人の子どもを産み育て、教会員たちとの食事会の食事作りや教会周りの掃除などをも担当してきました。また、夫が若い頃から病弱だったのでその看病をし、4年前に糖尿病で亡くなるまでは食事作りや介護も担いました。

牧師の家庭に生まれ、牧師の夫と結婚して自分も牧師になり、ずっと教会に仕えてきました。特別なことをしているという思いはなく、気持ちはいつでも「主婦」に近い感覚です。

教会や家庭の中で、皆が力を発揮できるように、いつも心を配って働いてきました。私は表に出るよりも、サポート役がいいのです。

夫が亡くなった後は、公営住宅でひとり暮らしです。

ずっと夫や子どもたち、教会員など常に周りに誰かがいて、にぎやかでしたが、今は、ひとりで暮らすのもいいものだなと思います。自由に好きなことができるし、好きなものも食べられます。

でも、やっぱり、教会の集まりの後の子どもたちとの食事会の食事を作ったり、シルバー人材センターの仕事で共働き家庭に食事作りや掃除に伺ったりと、主婦としての仕事は続けています。それが、私の性に合っているのでしょうね。誰かの役に立てることが、うれしいのです。

目の前のことをただ日々一生懸命にこなしていたら、いつの間にか74年経っていました。

クリスチャンは「死は神様の元への旅立ち」と考えるので、死ぬことはこわくありません。でも、介護が必要な状態になって子どもたちに迷惑をかけるのは、できる限り避けたいので、自分でできることはしようと思っています。

といっても、お金に余裕がないので、食事に気をつけたり運動を毎日取り入れたり、規則正しい生活を送るなど、ごく普通のこと。それから、教会やシルバー人材センターの仕事、高齢の方を訪問するなど、なるべく外に出たり電話をかけたりして人と話すようにしています。

年相応の小さな不調は時にありますが、今のところ元気に暮らしています。

そんな私に、「ミツコさんの暮らしを本にしませんか」という思いがけない話をいただきました。私の暮らしが誰かの役に立つとは思えないし、目立つことがあまり好きではないので、最初はお引き受けするかどうか迷いました。

でも、この年齢になって新しい経験をさせてもらえるのは、ありがたいこと。やったことがないものにチャレンジしてみようと、思いきって引き受けました。


この本では、等身大の私の暮らしをお見せしています。毎日、悩んだり、喜んだり、泣いたり、怒ったり……、「ありのまま」の自分でいたいと思っているので、大きく見せたり、よく見せたりしていることはありません。

そんな私の暮らしが、この本を手に取ってくださった方々のお役に立つことがあれば、とてもうれしく思います。

目次

第1章
74歳、ひとり暮らしに満足しています

第2章
月7万円で十分に暮らせています

第3章
寝たきり・認知症を遠ざけるための健康管理

第4章

「働く」ことが日々の張り合い、元気の源に

第5章

日常生活のひとつひとつを大切に

第6章 くよくよ悩まずに生きるコツ

第1章

74歳、ひとり暮らしに満足しています

牧師家庭として、ずっと多くの人が周りにいる生活でした

牧師の家庭に生まれ、牧師を目指して神学校で勉強をしました。卒業と同時に、5歳年上で一足先に牧師になっていた夫と結婚して、一緒に教会に奉仕する生活がスタートしました。

夫は短気で喧嘩っ早くて、よく周りの人と喧嘩をしていました。初めて赴任した教会でも、曲がったことが大嫌いで正義感の強い夫は、お金のことで主任牧師（その教会に属する牧師の筆頭者）と喧嘩をして飛び出したのです。

その後、別の教会に夫は副牧師として、私は伝道師（牧師になる前の段階。牧師になるには試験を受ける必要がある）として赴任しました。この教会にいたのは2年半で、その間に娘が2人生まれました。

ここでも、夫は主任牧師と喧嘩をして、出て行くことになってしまいました。その原因は夫が主任牧師よりも教会内でたくさんの人望を集めてしまい、意見が対立したこと。短気なところがありますが、夫は人の気持ちをつかむのが上手で、人間的な魅力にあふれた人でした。

喧嘩をするのは夫なりにきちんとした理由があり、私も理解していました。だから、この人について行こうと思っていたのです。

そして、夫と私、一緒に教会を出た3家族と、教会のない場所に教会を一から作る開拓伝道を始めました。今から47年前のことです。ごく普通の一軒家を借りて教会とし、活動を始めました。

プロテスタントの教会はカトリック教会と違い、ごく簡素なものです。普通の住宅でも、教会とすることができます。普段はご飯を食べているリビングなのですが、日曜日はテーブルをどかし、じゅうたんを敷き、椅子を並べて礼拝する、そんな日常を送っていました。

そして、２００６年に教会として中古住宅を取得し、リフォーム。今でも使っていますが、やはり普通の家で十字架もなく、中に礼拝堂がある教会になっています。

夫は主任牧師として、教会全体を取り仕切っていました。私は、さらに2人の娘を授かり、４人の子どもたちの母として子育てが中心の生活。教会学校の教師をしたり、日曜礼拝後の20人ほどの昼食の準備など、できる範囲で活動をしていました。

夫は教会の外でカウンセリングの仕事もしていましたから、その患者さんの電話応対なども。夫が主任牧師の間は「牧師の妻」という立場が主でした。

最初は、牧師も含めて4家族7人という少人数でしたが、徐々に教会員（洗礼を受けて、その教会に所属する人）が増え、40人ぐらいになりました。このくらいが、お互いが気を配れるちょうどよい人数で、教会員それぞれが教会の仕事を分担していきます。

神様の前では皆が平等なので、牧師だから偉いというような上下関係は、プロテスタント教会にはありません。仕事は、役割分担だと考えられています。最近の言葉でいうと、「ワンチーム」ということでしょうか。何かあったら、教会員の皆で相談して解決します。

教会員には子どもがいる人も多かったので、教会に来ているときは、誰の子どもでも同じように接し、泣いたらオムツを替え、悪いことをしたら怒ることもありました。皆で子育てをしている感じでした。娘たちも、他の子たちと一緒に遊び、一緒に成長しました。

私は長らく「牧師の妻」の立場にあり、牧師の試験を受けずに伝道師だったのですが、1999年、54歳のときに牧師になりました。子育てが一段落し、夫が他の教会から招かれる仕事が増えて不在になることも多くなったので、主任牧師の代わりが務められるようにと試験を受けたのです。

副牧師になり教会の仕事に、今まで以上に責任を感じるようになったら、夫と意見が合わないことも出てきました。夫は理想を追うタイプ、私は現実的なタイプ。二人の意見が対立すると、教会員からは「二人でよく話し合ってください」と言われたことも。

でも、教会をよくしようという想いは一緒だったので、二人ともそれだけ真剣でした。

玄関に写真を飾る場所を。夫が元気だった頃、年始に娘たち家族と集まったときには集合写真を撮っていました。総勢20人以上となると大きな写真になります。

若いときから病気続きだった夫を4年前に見送って

夫は若いときから病弱で、「いつ死ぬかわからない」とずっと言われ、本人もそう自覚していました。

結婚するときも気管支拡張症を患っており、「10日くらいしか一緒にいられないかも」と思いました。でも、「それでもいいか」と結婚しました。何事にもあまりくよくよ悩まず、飛び込んでしまう性格なのです。結果的に、45年以上連れ添うことができました。

病弱な夫はいつもどこか具合が悪いのですが、人と会うために外に出て行くと元気になるようでした。

牧師の仕事には大きく分けて、説教（礼拝などで聖書の内容をわかりやすく伝えること）と牧会《ぼっかい》（＝羊飼いが羊を養うように配慮、ケアをすること）の2種類あります。夫は教会だけでなく、病院、大学、老人施設などでも、カウンセリングやレクリエーション療法を通して奉仕していました。

あるミッション系の女子大学では、チャプレン（学校付牧師）として女子大生たちの悩み相談にのっていました。精神病院でも多くの患者さんのケアを受け持っていました。


教会は「駆け込み寺」的なところでもあります。教会員以外にも、悩みを抱えた人が多く助けを求めてやってきます。

夫は「その人を助けるため、手足をどのくらいたくさん持っているかで違う」と常に言っていました。相談に来た人に対し、悩みに応じて行政、病院など、的確な場所を紹介できる知識と人脈をどれだけたくさん持っているかということ。

これは、私も含めて多くの牧師が、難しいなと思う部分です。でも、夫は大きなエネルギーを持って、アンテナを張り人脈を作っていきました。牧師として、カウンセラーとして、人としてとても魅力的な人でした。ただ、大嫌いだと言う人もいましたが（笑）。


牧師として忙しい夫に、大きな3つの病気が襲いました。40代半ばから10年ほどの間に、大腸がん、骨がん、肺がんに続けてかかったのです。

体にはメスを入れないと決めていたので、手術はしない、治療はしないで通して、不思議と生き延びました。骨盤にできた骨がんは、数年後に奇跡的に石灰化しており、お医者様をびっくりさせました。

夫は信仰があるので、「神様が生かしてくださるなら、生きるだろう」と考えていました。ただし、本人は痛みに耐えるなど、かなりつらかったと思います。

そして、見守る家族も。とくに子どもたちには、「お父さんがいつ死んじゃうんだろう」といつも不安な気持ちにさせて、かわいそうだったなと思います。

私自身も、まだ娘たちが小さい頃、「今もし夫が死んでしまったら、幼子を抱えてどう生きていけばいいのか」と、不安で夜も眠れないことがありました。それでも、「すべては神様がお決めになる。もう生きていけないとなったら、そのときはそのときだ」と考えたら、すーっと心が落ち着いたことを覚えています。

夫はがんが落ち着いたと思ったら、今度は糖尿病になってしまいました。夫の母が糖尿病だったので、体質もあると思いますが、あるとき、むくみが出て病院に行ったら、即入院でした。その後、5年半人工透析を受けることになりました。

結局、夫は2016年に亡くなりますが、最後の5年間は糖尿病の食事作りに頭を悩ませる日々でした。料理は苦ではないのですが、糖尿病のための食事と夫の好みを合わせるのが大変。

控えるべき食材、1日に摂ってよい糖分や塩分、カロリーが決められています。夫の食欲、気分、体調は日々変わるので、どうすればおいしく食べてもらえるかを常に考えていました。夫は文句を言いませんが、好みのものでないと一口しか食べないので、すぐにわかりました。

でも、このとき勉強した糖尿病の食事が、今の私の健康管理に役立っていることがあるので、ありがたかったと思っています。なにより、一番つらい思いをしていたのは、週3回の人工透析に通い、好きなものも食べられない夫でした。

夫が亡くなって寂しい気持ちはもちろんあります。でも、長い間、病弱だった夫のことをいつも心配していたので、それがなくなって、今は気持ちがとてもラクになりました。

いろいろなことがありましたが、47年間一緒にいられて鍛えられ、おもしろい人生を送らせてもらったと思います。

10年務めた主任牧師を交代し、教会通いは週2回に

2003年、夫は病気と体力の限界のために、主任牧師を辞任しました。教会には次の主任牧師が赴任して来たけれど、いろいろあり1年半後に辞任。しばらく教会には主任牧師がいない状態が続きましたが、そのままにするわけにはいきません。「私がやります」と申し出ました。そして2005年、59歳のときに主任牧師になりました。

できるだけ早くどなたかに主任牧師を交代してもらおうと思って始めましたが、なかなか適任の方がいなくて10年、69歳になるまで務めることになりました。

２０１５年、やっと適任の方が現れて交代できました。

10年間の主任牧師生活は、毎日が緊張の日々でした。夫の仕事をそばで見てはいましたが、実際に自分が担当するとなると、責任感が違います。

牧師の大きな仕事は説教と牧会です。説教は夫が協力牧師として亡くなる直前まで手伝ってくれましたので、かなり助けられました。説教は夫の生きがいであり、闘病の中でも心の支えになっていたようです。

牧会のほうは、教会員、教会に来る一般の人以外にも、病気や高齢で教会に来られなくなった教会員のために家を訪問して話を聞きました。また、もうすぐ亡くなるかもしれない教会員を訪問してお祈りをすることも。電話も多くかかってきます。

とにかく、主任牧師をしている間は24時間気が抜けませんでした。

大変で緊張した日々でしたが、私はそれまでの人生ではラクをしていたのです。

牧師として神様が自分を必要だと用いてくださっている、ありがたく、うれしい日々だったと思っています。

主任牧師を交代してから5年。今は、水曜日の祈りの会に出席し、日曜日の礼拝の説教をときどき担当し、協力牧師（無償）として教会へは週2回通っています。年齢と体力を考えると、このくらいがちょうどよいのです。4人の娘たち家族も教会員だし、教会の役に立てることはうれしいです。

70歳から公営住宅にひとり暮らし

夫が主任牧師の間は牧師館つまり教会に、辞任してからは教会近くのマンションに住んでいました。

家賃は教会に出してもらっていたので、なるべく教会に負担をかけないようにしたいと考えていました。そして、2015年に夫と二人で住むために公営住宅に応募しました。

翌年に公営住宅に入れる通知が来たのですが、その1ヵ月前に夫は亡くなっていました。その後、単身世帯用の部屋に入居する許可がおりて、現在の住まいに引っ越しました。1Kの小さな部屋ですが、ひとりで暮らすには十分です。

かつての住まいから数駅離れた場所です。人生で何度も引っ越しをしてきたので、ここにずっと住みたいといったこだわりはなく、高齢になって住まいが変わることへの抵抗もまったくありません。

住んでいる公営住宅は、最寄り駅から歩いて5分ほどの場所にあり、静かな環境で住みやすいです。周りには大きなスーパーがあるので、買い物も便利です。今でも週2回教会に通っており、自治体が運営するシルバー人材センターの仕事をするなど、出かけることも多いので、交通の便がよくて助かっています。

夫が亡くなり寂しい気持ちもありますが、今はひとり暮らしを満喫しています。今まで夫がいて、子どもたちがいて、教会員がいてと、常に周りに人がいる生活。実際に、牧師館にプライバシーはほとんどありません。とくにわが家は、住まいがそのまま教会である時期が長かったので、リビングのドアを開けると教会員がそこに立っていた、ということが何度もありました。

そんな生活も、それはそれでもちろん楽しくて充実していました。でも、好きなときに昼寝をしたり、ご飯を食べたりできる、ひとりの家での時間が貴重だなと思えます。


私は「幸せの98%は大変なこと」だと思っています。

たとえば「お子さんやお孫さんがたくさんいて幸せですね」と言われることがあります。本当にその通りなのですが、反面、大人数の食事を作ったり、お産の面倒をみたりと大変なことが多いのも事実。すごく幸せなことだけれど、労力的には大変です。でも、2%の幸せはとても深いのです。

ひとり暮らしの今は、その大変なことはありません。人と喧嘩することもない、マイペースで平和な日々です。でも、逆に2%の深い幸せもなく、少し物足りな

い日々なのかもしれません。

とはいえ、いまだに教会に定期的に通ったり、老人ホームや病院にいる高齢の親族や教会員を訪ねたり、まだ小さい孫を預かったり、シルバー人材の仕事も週3日あったりで、毎日忙しくしています。

そして、住んでいる公営住宅の自治会の役員の順番が回ってきて、それを担当させてもらっています。体を動かして働くことが好きなので、充実した毎日です。

4人の娘たちは早くに独立。一緒に住む予定はなし

夫が亡くなり、ひとり暮らしを始めたとき、私からも娘たちからも「一緒に暮らそう」とはなりませんでした。

子育ての最大の目的は自立。小さいときから娘たちには「18歳までは面倒みるけれど、あとは自分でどうにかして」と、言ってきました。娘たちは高校生のときからアルバイトをし、自分のものは自分で買っていました。

高校卒業後の進路は、自分たちで考えてもらいました。私自身も親からそう言われ、実際に神学校には奨学金で通いました。

今、娘たちは49歳、47歳、45歳、39歳になりました。皆、早々に実家を出て結婚し、子どもにも恵まれています。それぞれ5人、4人、3人、4人の孫がいて、合計16人になりました。

早くに親離れ子離れしているので、この先さらに年をとっても、一緒に暮らす予定はありません。子どもたちには多少心配されているかもしれませんが、教会で毎週顔を合わせている安心感はあります。

娘たちは教会員ではあるものの、誰も牧師にはなりませんでした。残念ではありますが、それも娘たちが選んだ道です。孫たちの中から牧師になってくれる人が現れたらいいなと思っています。

なるべく娘4人を平等に扱うようにと考えて、「お姉ちゃん」という呼び方はしませんでした。全員名前で呼び、「姉だから我慢しなさい」とか、「妹だから言うことを聞きなさい」とは言わなかったつもりです。

4番目は年が少し離れているので、3人の姉と私で4人の母がいるような感じだったかもしれません。3人の姉は、よく妹の面倒をみてくれました。

今でも、4人は仲がよく、助け合っていると思います。べったりはしないで、ほどよい距離感を保ちながら、付き合っています。

かまいすぎず、自立するように育ててよかった。それぞれが、自分の足で立っているので、安心しています。

娘たちに「自立しなさい」と言ったのに、私が自立しないわけにはいきません。だから、ひとり暮らしを続けます。そのために、健康管理には気を配っています。ただ、どんなにがんばっても難しいときは、老人ホームなどにお世話になろうと、今からその覚悟だけはしています。

第2章

月7万円で十分に暮らせています

年金7万円が主な収入。けっこうお金持ちです

今の主な収入は年金です。国民年金と厚生年金、夫の遺族年金を合わせて2ヵ月に1回約14万円、月にすると約7万円です。

厚生年金は主任牧師をしていたとき、教会が宗教法人になり、加入しました。最後の2年半だけでしたが、少しでも年金の額を増やそうと、がんばって保険料を支払いました。

夫と二人で年金だけで生活していたときは、夫の年金分5万円は生活費として

は使っていませんでした。夫は糖尿病を患っていて、私よりも先に亡くなるだろうと思っていたので、自分ひとりの年金で生活できるようになろうと考えていました。

夫は、自分の年金を教会への献金と孫たちのお小遣いにしていましたが、夫の気持ちに任せていました。

牧師の家庭に生まれ育ったので、貧乏は慣れています。父は、家にお金がなくても、「うちよりもっと困っている人に分け与える」と思っていた人でした。結婚した夫も同じようなタイプ。大学のチャプレンでのお給料も、学生さんたちを食事に連れていき、すべて使ってしまっていました。牧師にはそういう人が多いのです。

夫が主任牧師として新しく教会を立ち上げたとき、3年くらい謝儀《しゃぎ》（牧師の給料）を辞退したので、無給だったこともあります。子どももいるのにどうしようと思いましたが、クリスチャンは「必要があれば神様が与えてくださる」と考えるので、お金がなくてもどうにかなってきました。

とはいえ、神様が与えてくださるのは、最後の最後。ぎりぎりまでがんばって、「本当に困った」と途方にくれていると、不思議と「亡くなった父がお世話になったから、このお金を」などと思いがけない方から献金があったりして、助けられることがあります。

そんな生活だったので、「もっともっと」というよりも、あるものに感謝して、その中でどうにかする習慣が身につきました。だから、そういう頃に比べると、今はひとりでこれだけのお金を使えるので、「私ってお金持ちね」と思っています。

お金がないことを嫌だなと思うのではなく、その状態を楽しんでしまいます。たとえば、花は、ごくたまに1本しか買いません。でも、だからこそ、その1本の花が買えたとき、ものすごくうれしい。

お金があれば、いつでもたくさん買えるけれど、逆に1回の感動が薄まってしまいます。時々しかできないからこそ、喜びが深い。だから、少ないものでも幸せになれるのです。

今は、お金がないほうがむしろ幸せだとも思えるようになりました。

教会への献金のため、シルバー人材の仕事で不足を補って

ある中でどうにかする、7万円なら7万円の生活をするだけです。ただそうは言っても、年金7万円のみでは厳しいこともわかっていました。というのも、教会への献金があるから。

献金は神様に捧げるもので、クリスチャンにとっては、生活費よりも優先順位の高いものです。教会の運営は教会員からの献金で成り立っており、存続のために欠かせません。

聖書の教えでは収入を10に分けて、そのうち1つは神様のもの（献金）とされていますが、金額に決まりはありません。「神様と私」の間のことです。教会員それぞれが出せる額でいいのです。

教会への献金にもいろいろ種類があるのですが、毎月一定額をおさめる月定献金、教会堂を維持していくための会堂献金、教会学校や礼拝での献金などが主なところです。

他に、クリスマス、イースター、誕生日、出産、入学、就職など神様に感謝することがあるとき、その都度献金します。

献金は、主に牧師の謝儀（給料）、教会の光熱費、電話代、コピー機のリース代などの活動費に使われます。

毎月の献金は、私の中で絶対に譲れないこと。だから、牧師を引退して年金をもらうようになっても、働く必要があるだろうと、早くから覚悟していました。

主任牧師を辞めた2015年の秋に、地元の自治体が運営するシルバー人材センターに登録しました。ここは家庭や企業、公共団体などから様々な仕事を引き受けて、登録した高齢者に仕事を提供してくれます。

私に何ができるかと考えたところ、4人の子どもたちを育てながらずっと担ってきた家事ならお手伝いできるかなと思い、登録しました。12月から1軒のお宅に、お掃除のために通い出しました。

そして、年が明けて夫が亡くなり、「もう1軒、仕事を増やしてください」とセンターに連絡したところ、家に着く前に「料理の仕事がありますが、どうですか」と電話がありました。すぐに仕事が見つかり、とてもありがたいことでした。

金曜日の夕方から3時間、仕事で遅くなるママの代わりに夕ご飯を作っています。その後、最初のお宅の仕事がなくなり、他の掃除の仕事が決まって、火曜日と木曜日の2時間、それぞれ1軒ずつ通っています。3軒とも子育てをしながら共働きをしているご家庭です。

時給は1時間1000円で、週に3日働き、月2～3万円になります。これで、献金しても生活できるようになりました。

加えて、美容院に行ったりといった臨時出費も、問題なく出せる余裕ができました。

月7万円の生活費の内訳

毎月の生活は年金の約7万円でやりくりしています。

公営住宅の家賃は、収入が少ないので減額してもらい、月約6000円です。健康保険と介護保険は、同様に減額してもらって払っています。住民税と所得税は非課税になっています。本当にありがたいことと、感謝しています。

水道光熱費は季節によって違いますが、平均すると月8000円くらいです。もちろん、節約を心がけていますが、ケチケチはしていません。寒いときや暑い

電子マネーやクレジットカードで効率的にポイントをためています。財布はキタムラのもの。娘からのプレゼントです。

ときは、体調管理のためにもエアコンをつけます。

電気のつけっぱなしはしない、お風呂の水は毎回替えないで3回入るなど、できるだけ無駄使いはしないようにしています。

スマートフォン代が月約7000円（本体代金含む）、固定電話代が約2000円です。

通信費が家計全体に占める割合が高くなっています。これは、牧師という仕事柄、いろいろな方の相談にのるこ

1ヵ月約7万円でやりくり

住居費	約6000円
社会保険料等	約4000円
水道光熱費（平均）	約8000円
通信費	約1万円
食費・雑費その他	約4万円

とが多いので、仕方がありません。

固定電話をやめようかと考えましたが、高齢の相談者さんは固定電話がよい方もいるし、話すのが苦手でFAXで送ってくる方もいるので、継続しています。

食費と雑費で、だいたい月4万円です。交通費や衣類購入なども、この中でやりくりします。

宅配の生協を長年続けています。1回2000円ほどに収まるようにし、月4回で8000円です。

普段の買い物は現金より、クレジット

カードや電子マネーでの支払いが多いです。家から一番近いスーパーでは、月に1回、電子マネーのカードに約1万円をチャージし、そこから使うようにしています。

家計簿はつけていません。でも、手元にあるお金でやりくりする習慣がついているので、足りなくならないし、余りもしません。今日使いすぎたなと思ったら、2〜3日は締めるようにし、メリハリをつけています。

ただ、レシートは手元に残しておき、突発的な支出はメモしておきます。

口座は郵便局ひとつに絞っています。ここに年金が振り込まれ、クレジットカードなどの支払いも引き落とされます。

口座から引き落とされる額は毎月だいたい決まっているので、それを残すようにして、余った分を現金でやりくりする予算として、月1回引き出すようにしています。

そのとき、必ず通帳に記帳をして残高をチェック。残金（＝使えるお金）がわかっていると、使いすぎることはありません。

食事は自分で作るのが一番安い

生活費の中で一番お金がかかるのも、一番節約できるのも食費だと思います。外食したり、お惣菜を買ってきたりするとお金がかかりますが、材料を買ってきて手作りすれば安くすみます。それに、自分で作ったほうがおいしいので、3食手作りしています。

食材は極端に価格の安いスーパーではなく、近所の信頼できるスーパーで購入しています。宅配の生協は高めですが、質が高く、おいしいのです。ひとり暮らしで少量しか買わないので続けています。

シニアになると食事作りが面倒になるという話も聞きますが、私は今でも苦になりません。かつては、夫と4人の子どもたち、教会での食事会などのために大人数の料理を作ってきたので、その頃に比べたら、今は自分ひとり分だけなのでラク。自分が食べたいものを、失敗を気にすることなく作れるのも幸せです。

作るものは、昔からの日本のお惣菜です。肉じゃが、きんぴら、かぼちゃの煮物、大根の煮物、厚揚げの煮物など、今までずっと作り続けてきたものばかり。ときどきテレビ番組で見た料理をおいしそうだなと思って作ってみますが、続きません。やはり慣れた味が好きだし、手順も身についているのでささっと作れます。

好き嫌いなく何でも食べます。とくに魚が好きなので、主食は魚が多く、肉は週2回くらい。すぐ近くのスーパーで、魚が半額になる時間があるので、それを狙って買い物します。

アジ、サンマはお刺身にしたり、開きを焼いたり、カレイは煮付けにしたり。干した身欠きニシンが好きで、戻して甘辛く煮ると、すごくおいしいです。

毎週水曜日の午前中に、教会で「祈り会」(日曜礼拝とは別の小規模の集まり)があります。私も娘3人も参加していますが、終わった後に近所にある四女の家に移動して、孫たちも一緒に昼食を食べます。教会では礼拝後、食事を共にする習わしがあります。

私がご飯作りの担当なので、水曜日は朝9時半までに約10人分のおかずを作ります。

メニューで多いのは、とんかつ、唐揚げ、天ぷらなどボリュームが出てご馳走感がある揚げ物。食材は私が買っていますが、前日の火曜日に、特売をしているスーパーがあるので助かっています。肉や魚は、あらかじめ特売のときに買って冷凍しておくこともあります。

ある日の昼食。少量を品数多く食べるようにしています。黒にんにく（左上）は市販品。熟成されたにんにくで、臭みもなく、そのまま食べられます。

天ぷらは私の得意料理だし、孫たちも大好き。野菜が中心なので食材費も安いですが、見た目が豪華です。

一度にたくさんできるので、調理の手間もかかりません。大きいエビを揚げると、ぐっとご馳走に。エビは高価ですが、近所のスーパーの30％引きの日に買って冷凍しておけば、安くすみます。

週に1回、人のために料理をすることは楽しいです。娘や孫たちに喜んでもらえるのも励みになります。料理は手順を考え、認知症予防になると聞くので、これからも続けていきたいです。

人とのお付き合いには「気は心」で、少額でも使いたい

夫は人をもてなすのが好きだったので、いつでも食事をご馳走していました。私も同じ気持ちで、人にはご馳走をしたいなと思います。でも、外食をする余裕はないので、手料理でもてなすことが多いです。

ときどき、お世話になった人に食事をご馳走することもあります。5000円くらいはかかってしまいますが、こういうときはケチケチしません。今月使ったら、来月は節約しようと調整をすれば、どうにかなるものです。

たまに外食をすると、とてもおいしい。私はお寿司が大好きなのですが、食べ

るときは大のご馳走です。頻繁に行っていたら当たり前になってしまい、こんなに幸せを感じないかもしれないですね。

また、少額ですが、気持ちだけのお金を渡すことがあります。たとえば、娘たちがうちに来てくれたときは駐車場代として1000円を。もちろん、私よりもたくさん収入はありますが、子どもがいるから支出も多いはず。生活は大変だと思うので、せめて少しだけでも協力してあげたいです。

それから、正月明けに美容院に行ったとき、美容師さんに「コーヒーでも飲んで」と、1000円のお年始を渡すこともあります。いつもお世話になっているので、毎回は無理ですが、1年に1回ぐらいは感謝の気持ちを表せたらいいなと思っています。

亡くなった叔母が「気は心」と言って、遊びに行ったときに電車賃をくれまし

来客は手料理でおもてなしを。普段作っているものをお出しします。大勢が集まっても大丈夫なように、椅子はたくさんあります。

たが、私もそれを真似て「気は心で、コーヒー代です」と言います。

でも、不思議と人のためにお金を使うと、叔母や姉からお小遣い1万円をもらうなど、臨時収入があるのです。私の手元にはお金は残りませんが、お金がちゃんと回るようになっています。

臨時収入も自分のためには使わずに、献金や孫たちへのお土産など、人のために使っています。

それに、仮に1000円使っても、

シルバー人材の仕事で1時間働けば1000円入ってくる。

「お金を使ったら、使った分働けばいい」と思い、毎月限りあるお金ですが、人のためには気持ちよく使いたいと思っています。

孫16人、お小遣いはやれないけれど仲良くしています

子どもたちには、小さいときから「18歳までは面倒をみるけど、あとは自分でどうにかして」と言ってきたので、金銭的に援助ができないことはわかっていたと思います。

私に対しても、子どもたちから金銭的な援助をしてもらっていません。お互いに自立して、生活しています。

主任牧師として現役で働いていたときは、孫たちにもお年玉を渡したり誕生日ケーキを買ったりしていましたが、今は余裕がないのでしていません。16人もい

て、誰かを特別扱いはしたくないので、全員にあげないことにしています。

今のところ、子どもたちからお金をもらうよりも、こちらから渡すことが多いですね。ごく少額ですが。自分よりも人のために使うほうが、私の性に合っているように思います。


もし、お小遣いをあげないと孫に相手にされないとしたら、私は仕方がないなと思います。お金や物を介して孫に優しくしてもらうなら、なくてもいい。うちの孫たちは、幸いそんなことはないので、楽しく付き合っています。

孫たちは、私のことを「ミツコさん」と呼びます。一番初めの孫が生まれたときはまだ40代で、「おばあちゃんと呼ばないで」と言ったので、自然に名前になりました。

4番目の娘の孫たちはまだ小さいので「ミツコちゃん」と呼び、一緒に遊んでくれる友達だと思っているようです。

子どもたちと遊ぶのはとても楽しい。私も本気になって、一緒に自転車に乗ったり、ブロックで遊んだりしています。

キリスト教、とくにプロテスタントは万事質素で、行事もあまりありません。イースターやクリスマスが大きいイベントですが、それも手作りの飾りや料理で祝い、それほどお金はかかりません。

お宮参り、七五三、節句などの行事はクリスチャンにはなく、そのためお金が出ていくことも少なくなっています。

「いざというとき」のお金について

お金に頼る気持ちは、元々ありません。頼るのは神様だけ。どうしようもなくなったら、それが天に召されるとき。神様への圧倒的な信頼があるから、未来への不安もありません。

いざというときのために貯めているお金は、自分のお葬式代として少しの額です。ときどき、娘から「家の更新代にどうしても必要なので、3万円を貸してほしい」なんて頼まれると、「返してくれるなら」とその中から貸すこともあります。ちゃんと返してもらえるので、減ることはありません。自分では、とくに使うことはないです。

死んだ後、天国にお金は持っていけません。何も残さずこの世を去るつもりです。子どもたちに残すという発想もありません。子どもたちは子どもたちで、ちゃんとやっていけるでしょう。

クリスチャンのお葬式は質素なので、お金がかかりません。夫のときも、17万円くらいでした。

葬儀は自分たちの教会で執り行いました。キリスト教において、死は悲しむべきことではなく、神の国に旅立つ喜ばしいこと。参列者全員で賛美歌を歌い、それぞれにひと言ずつ夫との思い出を語ってもらいました。心に残る、とてもよい式だったと思っています。

また、火葬代、棺代などがかかっていません。というのも、夫と二人で若いときに、医大の「献体の会」に申し込んであったからです。

クリスチャンにとって、死は永い眠りにつくときであり、遺体への執着はありません。死後、自分の体が少しでも医学のお役に立てれば、という気持ちから。子どもたちも、もちろんこのことを前もって知っており、納得していました。

夫が亡くなったとき、2日後に賛美礼拝をした後で遺体を引き取ってもらいました。

医大での解剖後、火葬されて遺骨が戻ってきました。遺骨は1年分まとめて、遺骨返還式があってその後で戻されるようで、夫の場合は戻ってきたのは1年後くらいでした。遺骨は夫の両親の墓に納めました。

葬儀への希望もありません。

夫は「自分が死んだ後は残された人の気持ちが大切」と、こうしてほしいということはほとんど言いませんでした。私も同じ気持ちです。家族が自由に見送っ

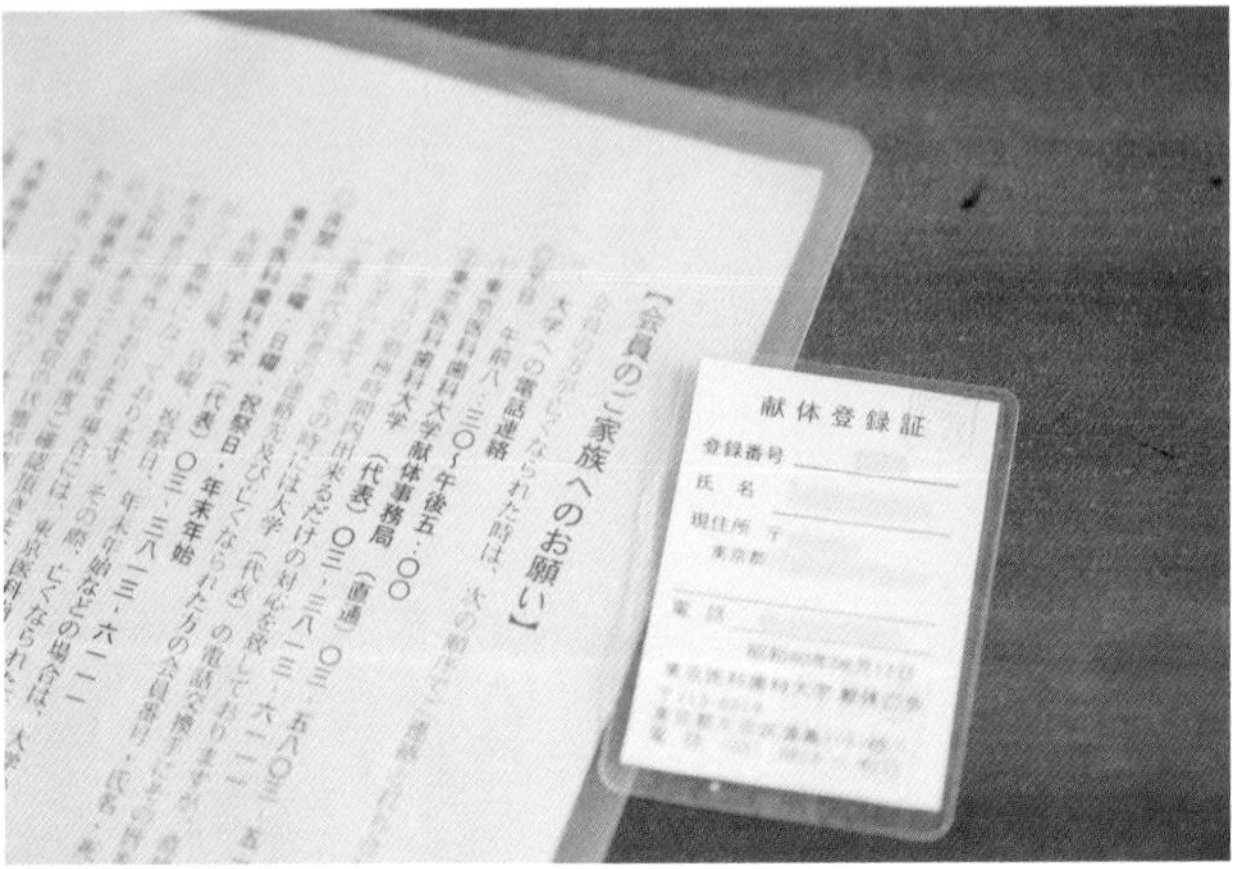

献体登録証は財布に入れて常に持ち歩いています。登録先の大学からは定期的に会報が送られてきます。

てくれたら、その後は忘れられてもいいと思っています。

まとまったお金がいるといえば、家電製品の買い替えですが、少しでも長く使えるよう、可能な限り丁寧に扱っています。不思議と長くもってくれます。

それでも、いざというときは分割払いで購入し、毎月少しずつ返していくことになるでしょう。家電といっても、大きくお金がかかるのはエアコン、洗濯機、冷蔵庫くらいでしょうか。まだしばらくは大丈夫だろうと思います。

こんなこともありました。テレビが壊れてしまったので、いろいろ調べて3万円出せば買えるかなとわかって、孫のひとりに相談しました。孫の友達が電気屋さんに就職したので、そのお店ならいくらで買えるか聞いてもらおうと。

そうしたら、娘たちと孫たちで、テレビを買ってくれたのです。よけいなことを言って悪かったなと思って、「そんなつもりはなかったのよ」と言ったら、「わかっているよ。でも、みんなでお金を出し合ったから、ひとり分は大したことないから大丈夫だよ」と言ってくれて……。

思いがけないサプライズを、ありがたく受け取ることにしました。

歳を重ねると心配になるのは、病気になったときにかかるお金です。だから、健康を維持するのが一番の節約だと思っています。夫を含め、多くの人を見てきた実感です。そのために、体のメンテナンスには気を配っています。

国の高額療養費の制度のことも調べてみたら、治療費が高額になっても後で戻ってくるとわかり、それほど心配しなくて大丈夫だとわかりました（現在は、支払いの際にすでに安くなっています）。

老後の心配があまりないのは、牧師としての活動から、介護や福祉の現場を知っていることもあるかもしれません。

また、国民健康保険に申請すれば送ってもらえる、はり、灸、マッサージ・指圧施術割引券を活用し、1、2ヵ月に一度指圧に行っています。1000円払って割引券を出せば、30分の施術が受けられます。

こういう情報は、私が月1回参加している「介護者の会」の人たちから教えてもらうことも多いです。ここでは、医療や介護、福祉などの情報がたくさん得られて、とても助かっています。

第3章

寝たきり・認知症を遠ざけるための健康管理

死はこわくないけれど、介護で迷惑をかけるのは避けたい

来年から後期高齢者になる74歳の今、将来に不安を感じることはありません。母や教会の高齢の方の姿を見て、人間はこんなふうに老いていくんだなと、教えられました。

クリスチャンの考え方では、私たちはこの世では旅人。生きているということは、天国へ向かっての旅の途中です。死は神様の元への旅立ち。終わりではなく、死は始まりと考えます。

自分は生かされている。この命は神様から預かったもの。死や病気は自分の力

でどうにかなるものではありません。神様から天に召されるとき、人の命が尽きるのです。

だから、今暮らしていけるだけのお金があれば、備えはいらない。この世は、天国へ向かっての旅の途中なのだから、生きているのにどうしても必要なもの以外は、持たなくていいと考えます。

今までずっと精一杯の暮らしをしてきたので、蓄えはありません。保険にも入らない主義です。保険に入ると、安心して病気になってしまうケースを、多く見てきたこともあります。保険には頼らない。頼るのは神様だけ、浮気はしないと思っています。

ただ、学資保険には入りました。教会員で郵便局にお勤めの人がいたからで、4人の娘たちの学費として、少額ですがそれぞれ積み立てをしていました。そのお金で、娘のひとりは高校時代に楽器を買い、少し残ったお金を高校卒業後の進路の学費の足しにしていました。

死や病気は自分の力ではどうにかなるものではないし、神様にすべてをお任せしているので、死ぬのはこわくありません。体が衰えていくことも、人間として自然なこと。それはそれで受け入れます。ただ、介護が必要な状態となって、子どもたちに迷惑をかけるのは、できる限り避けたい。

とはいえお金に余裕がないから、スポーツジムに通ったり、健康食品を買ったりしようとは考えません。やっているのは、食事に気をつけ、運動をし、規則正しい生活を送るなどごく普通のことです。そして、仕事などでできるだけ外に出て、人と話すようにしています。

年齢なりの小さな不調はときどきありますが、元気で楽しい毎日を送っています。

ストイックな牧師の父から受け継いだ、健康を保つ秘訣

大きな病気もしないで、74歳まで健康で暮らしてこられたのは、小さい頃から叩き込まれた父の教えがあるかもしれません。

父は4歳のときに母親を亡くし、自分はきちんと育てられていなかったと思っていたからか、躾に厳しい人。牧師としては皆から信頼されていましたが、家では姉や兄をよく怒鳴っていました。私は8人きょうだいの5番目だったので、父からあまり怒られることもなかったのですが、姉や兄への注意を聞いて育ちました。

そんな父は自身の健康に気をつけて様々な健康法を実践し、教会員の人たちにもアドバイスしていました。子どもたちにもこんなことを言っていました。だから、私にもそんな生活が、自然に身についたのかもしれません。

「三食きちんと食べる」
「食事の栄養バランスを考える」
「30回よく噛んで食べる」
「1日30品目食べる」
「よく寝る」
「早寝早起きをする」
「規則正しい生活をする」

とくに「よく寝る」はいつも心がけている、私の健康の源です。

夜早く寝るのはもちろんですが、できるだけ昼寝もします。午後の時間に家にいられるときは、1時間~1時間半ほどが昼寝タイム。布団を敷いて、しっかり熟睡するようにしています。週3回は昼寝をしないと、風邪を引くことが多くなります。

寝ることは私の一番の趣味でもあります。朝起きたとき、午後の予定がなくて「今日は昼寝ができる」と思うと、すごく幸せな気持ちになります（笑）。

「30回よく噛んで食べる」というのも、自然に身につき、今でも実践しています。食べるのが遅いなと思っていましたが、実はそれがよかった。

でも、教会の仕事で忙しかったときは、噛まずに飲み込んでいたことも。今はひとり暮らしなので、ご飯は30分くらいかけてゆっくり食べます。マイペースに食事ができることも、ひとり暮らしのよいところかもしれません。

「規則正しい生活をする」は簡単にできそうですが、意外に難しいこと。そこで、できるだけ食事の時間を一定にしようと思っています。毎日、シルバー人材の仕事や教会など出かける場所が違うのですが、食事の時間を決めると1日のスケジュールが整いやすいです。

〈1日の時間割〉
6　時：起床　30分ほど布団の上でストレッチし、さらに30分お祈りをする
7　時：布団から出る
7時半：朝食　家事をして、火・水・木曜日は9時前に出かける
12　時：昼食
午　後：1時間〜1時間半ほど昼寝
18時半：夕食　テレビを見たり、運動をしたりする
21時半：入浴

23時：就寝

もちろん、この通りにならない日もあります。でも、だいたいこんなふうに過ごそうと思っていると、体調管理がしやすいかなと思います。

「具だくさん味噌汁」で野菜を多くとる

食事は毎日の楽しみでもあり、健康管理の重要な要素です。料理を作るのは苦ではないので、ひとり暮らしの今は、自分の好きなものを食べられて幸せです。手作りは好きな味付けにできるし、よけいな添加物も入っていないので健康的。外食やお惣菜を買うとお金がかかりますが、手作りなら節約もできます。

気をつけているのは、栄養バランスを考えること。ご飯やパンなどの炭水化物の主食。魚や肉、卵、チーズなどたんぱく質の主菜。野菜、きのこ類、小魚や海藻のビタミンやミネラルの副菜。この3つの要素を揃えています。

量はたくさん食べられないので少量にし、種類を多めに。1食で9～10品並ぶようにしています。これも、父の教えの「1日30品目食べる」を覚えているからでしょうか。なかなか難しいですが目指すようにしています。

自分で作ったおかずが10品、ということではなく、買ってきた納豆や黒にんになども1品と数えています。

副菜は毎食作るのではなく、一度に多く作り、それを数日かけて食べます。大人数の食事を作っていた頃のくせで、つい作りすぎてしまうのです。また、そのほうが経済的でもあります。ひとり分の食事を作るのは、逆に難しいです。

〈ある日の朝・昼・夕ご飯〉

●朝…パン、チーズ、茹で卵、ほうれん草の胡麻和え、大豆モヤシのナムル、納豆4分の1パック、フルーツ

●昼…ご飯（もち麦入り）、じゃがいも・にんじん・オクラ・豆腐の味噌汁、ブリの照り焼き、大根とにんじんのなます、茎わかめとにんじんの煮物、ミニトマトと玉ねぎのマリネ、小松菜のだし浸し、生姜の甘酢漬け、納豆4分の1パック、黒にんにく

●夜…ご飯（もち麦入り）、じゃがいも・にんじん・オクラ・豆腐の味噌汁、カレイの煮付け、大根の皮と葉のきんぴら、ほうれん草の胡麻和え、大豆モヤシのナムル、納豆4分の1パック、らっきょう、ぬか漬け（大根・にんじん）

朝はパンと決めています。また、昼は麺類などにすることはなく、夜と同じかそれ以上に品数を並べ、ご飯と主菜でいただきます。健康のため、ご飯にはもち

麦を入れて炊いています。

私の中で、いくつかルールを作っています。

・なるべく2食続けて同じものを食べないようにしています。

副菜だけでなく、たとえばビーフシチューなど、1回では食べきれない量のおかずを作ることが多いです。そのときも、1日目の昼に食べたら、その日の夜には食べず、翌日の昼に食べるなど、間をあけるようにしています。

栄養バランスはもちろんですが、続くと飽きるのも避けたいなと思います。

・味噌汁は手軽に野菜がとれるので、いつも3種類ぐらいの野菜を入れて具だくさんに。

かつて大人数の食事を作っていた頃から、具だくさん味噌汁は定番でした。冷蔵庫に余った野菜やきのこ類も活用します。1回作ると4杯分になりますが、塩分が気になるので1日2回に。味が落ちないうちに、2日間で飲み終わらせます。

味噌は発酵食品でガン予防に効果が期待できるので、欠かせないメニューです。

・納豆か蒸し大豆を必ず毎食とります。

蒸し大豆が血液をサラサラにするとテレビで見たので、1回20粒を目安に。納豆は私のアレンジです。生協で購入できる蒸し大豆と納豆を交互に食べています。蒸し大豆1パックが20粒×4回分、納豆1パックの4分の1がだいたい20粒ほどなので、1パック4回に分けて。

・果物はよく食べるけれど、いちご2個、巨峰2粒、りんご4分の1個、甘夏4分の1個など少量にしています。

夫の糖尿病食を勉強したとき、果物は糖分が多いので食べすぎないようにと指

具だくさん味噌汁。この日はじゃがいも、にんじん、オクラ、豆腐が入っています。冬には里芋や白菜など、そのときどきの旬の野菜を使います。

ぬか漬け。冷蔵庫保存は、とくに夏に安心です。表面を覆う布巾は、ぬか床をかき回すときに交換しています。水分をたっぷり吸っています。

導されたのが、活かされています。また、私は中性脂肪が高くなりやすいので、甘い果物は注意が必要。少量にしていますが、自然の甘みは満足感があります。

・ぬか漬けは結婚してから50年近く作り続けています。

自分で作ったものは好みの食べ頃にできるので、一番おいしい。ひとり分なので、大量のぬか床は必要ありません。コンパクトな保存容器に入れ、冷蔵庫で保管すれば、混ぜるのは1週間に1回で大丈夫。

布巾で表面を覆うと、野菜から出てくる水分を吸収してくれ、ぬか床がべちゃべちゃになりません。これは義理の母から教えてもらったことです。

野菜は何でもよいのですが、私はきゅうり、大根、にんじん、かぶが好き。大根のしっぽなど切れ端部分も入れて。野菜を使いきることができ、おまけにとてもおいしい。

植物乳酸菌のおかげで、腸内環境が整います。

味噌汁でもぬか漬けでも、野菜をとるので、食卓にはいつも野菜がたくさん並びます。野菜だけでお腹がいっぱいになってしまうことも。

本やテレビで知った健康法は積極的に取り入れて

テレビ番組で、存命だった聖路加国際病院の日野原重明先生が、毎朝、朝ご飯は食べずに、りんごジュースやオレンジジュースにオリーブオイルを入れて飲むと、昼には肌がツルツルになるとおしゃっていました。

私は子どもの頃から乾燥肌で、いつも肌がガサガサ。とくに60代になり、かかとのカサカサが気になって、何かよい方法はないものか探していたところでした。

「これだ！」と思い、早速試してみました。

まずは、日野原先生のやり方でやってみましたが、私には合いません。りんご

（上）トマトジュースにはオリーブオイルを。
（右）味噌汁にはアマニ油を。

ジュースやオレンジジュースでは、オリーブオイルのニオイが強く出て飲みにくかったのです。また、私は朝ご飯もしっかり食べたいと思っていました。

　そこで、朝ご飯と一緒に、オリーブオイル大さじ1を入れたトマトジュースを飲んでみました。そうしたら本当に、昼には肌がツルツルに。自分流に飲みやすくアレンジしたので、毎日続けられます。

　アトピー性皮膚炎の娘と孫にすすめたら、症状が改善されたそう。90

歳の叔母もやってみたようで、「本当に効果あるわね」と言っていました。

オリーブオイルは健康にもよい油です。体によい油は積極的にとるようにしています。最近は味噌汁にアマニ油をひとさじ分入れて飲みます。


それから試してみてよかったのは、インド・スリランカ発祥の伝統医療のアーユルヴェーダです。

もともと胃が弱く、逆流性食道炎がありました。そのためか、舌が白いのと口臭が気になっていましたが、お医者様には「体質だから治らない」と言われていました。

でも、何事もあきらめたくない性格なのです。図書館でいろいろ調べる中で、アーユルヴェーダの本に出会いました。

実は、20数年前、牧会の月1回の勉強会で、小児科のお医者様がアーユルヴェーダの話をされていたのでした。その先生を尊敬していたこともあって印象に残っており、本を手にとったのだと思います。

アーユルヴェーダによると、舌についた白い舌苔《ぜったい》は未消化の食べ物が原因とのこと。しっかりと食べたものを消化させるために、食事の際に白湯《さゆ》を飲むとよいと書かれていました。

ここでの白湯とは、ただ沸騰させたお湯ではなく、沸騰後さらに10～15分火にかけ、ぐらぐらと煮たものです。ものすごく熱いのですが、少しずつすすりながらご飯を食べます。

でも、毎回沸騰させるのは大変なので、2日に1回ヤカンいっぱいに湯を煮立たせ、ポットに入れてストック。そして、飲むときに再度、電子レンジで熱々に温めています。1回の量はだいたいコップ1杯強くらいで、これを3回の食事中に飲みます。

自己流にアレンジしており、このやり方が正しいかどうかはわかりませんが、

水筒は数本持っていて、一度に沸かした熱湯を保存。飲むときに湯呑みに入れ、電子レンジで再加熱します。熱湯もだんだん舌が慣れてきます。

私の体調には合っていました。

それから食間を3時間あけて、その間は何も食べないことも紹介されていたので、これも実践しています。

白湯と食間3時間あけることをしていたら、白い舌苔がなくなり、口臭も気にならなくなりました。

口臭を測る機械でも、「臭いが気にならない」というレベルに下がりました。

何よりも胃が重たくなく、「おなかが空いた」という感覚がわかります。ご飯がいっそうおいしく感じるようになりました。

本やテレビでは、よい情報がたくさんあるので、メモをとって試しています。アーユルヴェーダの本の内容も、メモにして保存してあります。

とはいえ、口に合わなかったり、難しかったり、面倒なことは続きません。そんなときは、思いきって自分に合った方法にアレンジ。自分の体調が、その方法は正解かどうか教えてくれます。

ジムに行かなくても、運動はいくらでもできる

筋力の衰える高齢者にとって、運動は健康維持に欠かせません。

周りのシニアの方々はスポーツジムに行っていることも多いようですが、私は、毎日の生活の中でできるだけ体を動かすようにしています。

まずは、朝6時に起きたら、30分運動をします。布団に寝たまま体を揺すったり、手を頭の上でグーパーグーパーして準備運動をし、腰痛予防、血液をサラサラにするストレッチや筋トレをやります。

2～3日おきにしている腕立て伏せは、膝をついてするやり方です。筋力の衰えを感じ始めた60代の頃に始めました。最初は1回もできなかったのに、だんだんできるようになると、おもしろくなりました。でも、やりすぎても体を痛めるかもと思い、1日に10回以上はやらないようにしています。

夕食の準備をしている合間に、スクワットやかかと落としをすることも。煮物が煮えるのを待っている隙間時間などを、有効に使うようにしています。

最近テレビで見た、開脚して床に胸をペタッとくっつけるストレッチにも挑戦し始めました。

股関節が固いので無理しないようにし、3年ぐらいかけてできるようになったらいいなと思っています。

他にも、シルバー人材の掃除の仕事でする雑巾がけは、よい筋トレです。家ではなかなか雑巾がけをしないので、お金をもらってジムに通わせていただいてい

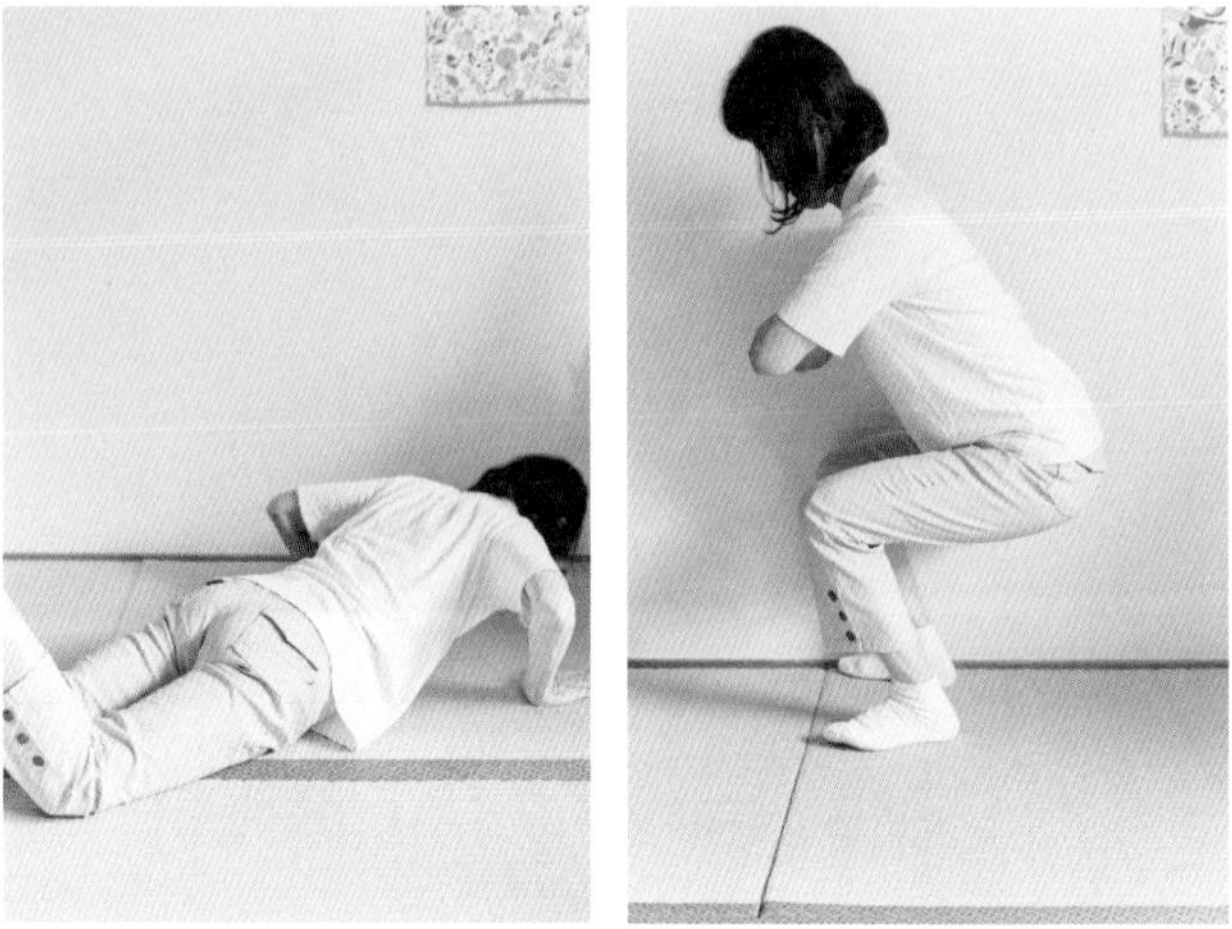

（左）膝をついた腕立て伏せ。最初は全然できませんでしたが、続けているとだんだん回数をこなせるように。（右）スクワット。下半身が鍛えられます。

るようなものです。水曜日の祈り会で10人分のおかずを持っていくときも、駅まで両手に荷物を持ち、これもまたよい筋トレだと思っています。

私がこんなふうに運動をしているのは、健康のためでもありますが、若さを保ちたいと思っているからです。

それは、教会で毎年行う夏期学校に参加するため。教会員とその家族で出かける2泊3日の修養会があります。聖書を読んで勉強したり、レ

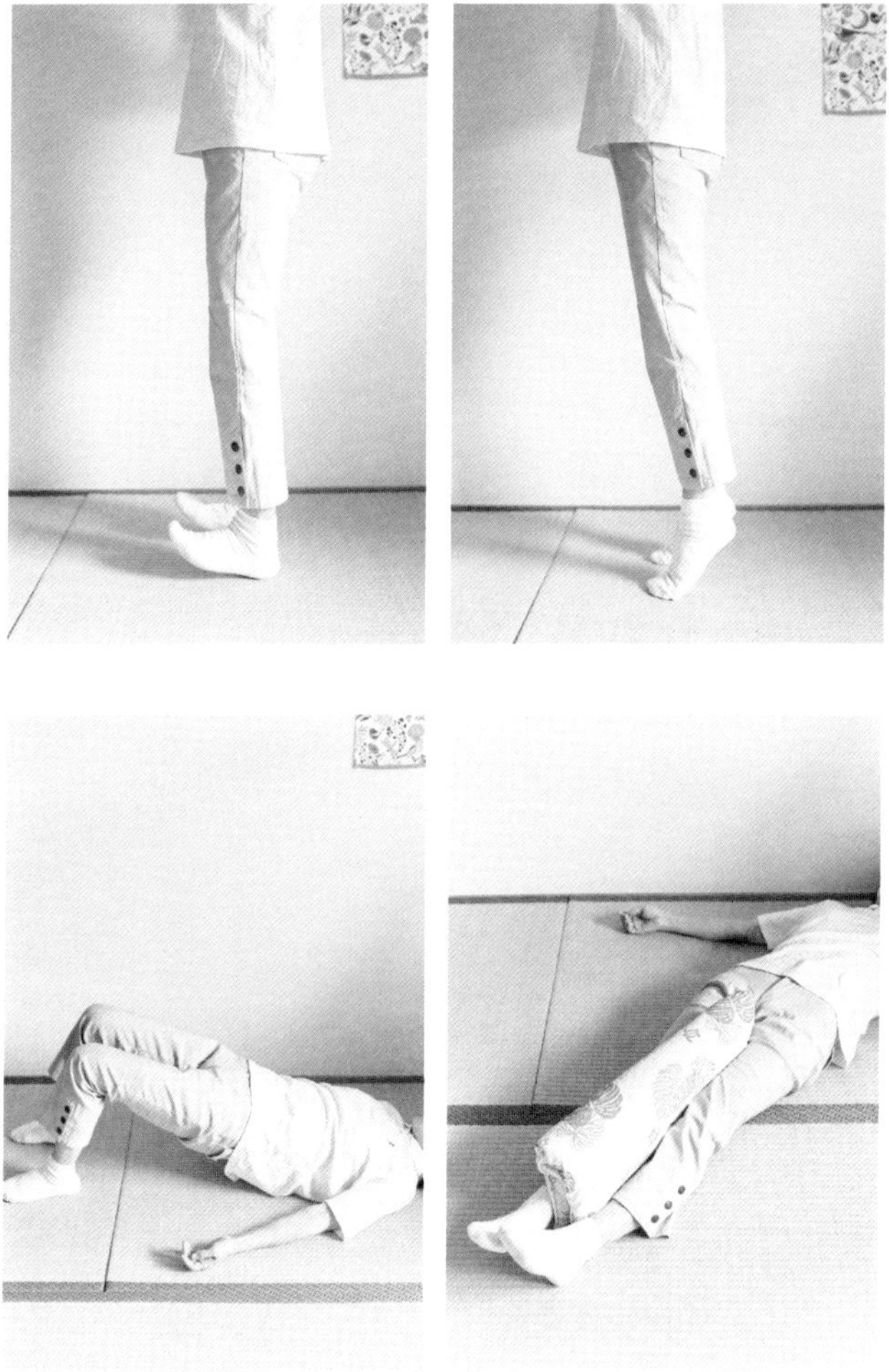

（上２つ）かかと落とし。まずつま先を上げ、次はつま先立ちを。骨を丈夫にします。
（下左）ブリッジ。背筋を鍛えます。（下右）P102の、膝痛を治した運動。

クリエーションをしたりして、お互いに親しくなるのが目的です。私は引率として参加します。

その中で、子どもたちとゲームや山登りをするのです。赤ちゃんから70代までの参加なので、休んでいる人もいます。でも、私はそうしたくない。私は子どもたちにおいていかれないように、歩いたり走ったりしたいのです。

この夏期学校に参加するのが目標になって、日々の運動はそのためのトレーニングの意味もあります。

また、春にも1泊2日で夏よりは少ない人数で行く会もあります。私はこちらにも参加しているので、1年に2回、日頃のトレーニングの成果を発表する場があります（笑）。

漠然と健康のために運動を続けるのは難しいかもしれませんが、具体的な目標があるとがんばれるのかもしれません。

体のメンテナンスは欠かさずに。まだ歯は抜けてません

自治体の健康診断は毎年受けていて、今のところは大きな問題はありません。でも、年齢を重ねると小さな不調がいろいろあります。なるべく見逃さずに、メンテナンスをしていきたいと思っています。

手軽にできるのは、部屋にある大きな鏡で姿勢のチェックをすること。母が年をとったとき、背中が曲がってしまっていたので、私はそうならないように気をつけたいと思っています。

ときどき、鏡に映る自分を見て、「あ、いけない！　ダラッとしている」と姿

勢を直すこともあります。立っているとき、座っているときも、背筋は気をつけて伸ばすようにしています。

65歳のときに水虫が気になりました。

老人ホームや終末期病院にいる教会員の方を訪ねるとき、会話ができないことが多く、そんなときは足をマッサージして差し上げたりします。

言葉がなくとも喜んでくださっているのがわかります。

そして、そのときに気づくのが、多くの方のかかとがガサガサし

姿見で姿勢のチェックをします。

ており、水虫があること。施設ではなかなかそこまで手が回りません。

私もいつ老人ホームに入るかわからないので、水虫はきちんと治しておこうと思いました。お医者さんに行ったら、「ふた夏かかりますね」と言われ、本当にふた夏かかって治しました。

それからは、お風呂に入ったときに、足の指の間は裏の方からしっかり洗って、オロナインをつけています。再発はありませんが、いつも足はチェックするようにしています。この間、初めて再発の兆しを見つけたので、いつも以上に丁寧にケアをしたら、悪化しませんでした。

かかとにもオロナインをすり込んでいるおかげで、冬でもガサガサせずにすんでいます。


それから、骨密度が低いことも気になっています。指の先で測定する検査を二度やりましたが、年齢の正常範囲の一番下。

ギリギリセーフではありますが、骨が丈夫になるかかと落としの体操を、家事の合間などに2~3回1セットにし、1日3セット。つま先で立ち、かかとを落としてつま先を上げる運動です。さらに、捻挫予防のために、足首をぐるぐると回します。

そして、小魚などのカルシウムを積極的に食べています。

以前、膝が痛くなったとき、接骨院の先生に「筋力低下が原因」と言われました。薬をもらうのではなく、自力で治そうと、教えてもらった膝の筋力を鍛える運動を取り入れました。

床に寝て足を伸ばし、両膝の間に座布団などを入れ、それを膝でぐーっと押します。これを続けたら、本当に膝痛が治ってしまいました。

お金をかけず、薬に頼らず、できる限り自分で治し、予防する考えです。

郵 便 は が き

（切手をお貼り下さい）

170-0013

（受取人）

東京都豊島区東池袋3-9-7
東池袋織本ビル4F
㈱すばる舎 行

この度は、本書をお買い上げいただきまして誠にありがとうございました。お手数ですが、今後の出版の参考のために各項目にご記入のうえ、弊社までご返送ください。

お名前	男・女	才
ご住所		
ご職業	E-mail	

今後、新刊に関する情報、新企画へのアンケート、セミナー等のご案内を郵送またはEメールでお送りさせていただいてもよろしいでしょうか？

□はい　□いいえ

ご返送いただいた方の中から抽選で毎月３名様に
3,000円分の図書カードをプレゼントさせていただきます。

当選の発表はプレゼントの発送をもって代えさせていただきます。
※ご記入いただいた個人情報はプレゼントの発送以外に利用することはありません。
※本書へのご意見・ご感想に関しては、匿名にて広告等の文面に掲載させていただくことがございます。

◎タイトル：

◎書店名(ネット書店名)：

◎本書へのご意見・ご感想をお聞かせください。

ご協力ありがとうございました。

若い頃から目のアレルギーがあり、目薬をつけているので、目のメンテナンスもしています。

緑内障、白内障予防のために、以前に通っていた接骨院の先生に指導された目の体操もしているのです。これが効いているのか、今のところは緑内障や白内障は大丈夫です。

目の体操には1回15分くらいかかるのですが、毎日欠かさず。1日2回やるとよいとすすめられましたが、1回が精一杯です。

歯科には4ヵ月に1回通っています。治療した歯はありますが、まだ1本も抜けておらず、全部自分の歯です。何事も節約したいタイプですが、歯は大切にしたいので、お金がかかってもメンテナンスは欠かしません。定期的な検診なら2000円ほどですみます。

いつでも笑顔を。あちこちに鏡を置いて表情チェック

笑顔になるだけで、人の免疫力がアップするそうですね。テレビ番組で見ましたが、口角を上げるだけでいいそう。

実際に、こんなことがありました。80代の知人は脳をがんにおかされ、末期の宣告を受けました。私が「笑顔で人のために何かするといいですよ」とすすめたら、できる範囲で実行し、元気になり、もう3年も生きています。

もちろん、重い病の人全員がこれで治るとは思いませんが、「病気になるとマイナス思考になる。いつも笑顔でいること、そして人のために

（左）説教を考えるときに使う机にある鏡。
（右）台所のシンクの上に立てかけてある鏡。皿洗いをしながら表情チェック。

働くことは、プラス思考を生み、血の巡りがよくなって症状改善に効果がある」

と、私は思っています。

私もできるだけ笑顔で過ごすようにしています。机や台所に小さな鏡を置いて、ときどき自分の表情をチェックします。難しい顔をしていたら、鏡に向かって笑顔になってみることも。小さいことですが、不思議と気持ちが明るくなるのです。

牧師の仕事は常に人と対面する仕

事です。いつでも相手にとって、よい表情ができているか。無意識のときに「嫌な表情」を浮かべていないか。それをチェックするためでもあります。

とはいえ、どうしても笑顔になれないときもあります。そんなときは、無理はしません。感情を殺さないようにし、落ち込むときは落ち込むし、泣きたいときは泣きます。そして、怒りたいときは怒ります。

ただし、その姿を人に見せるかどうかは別のこと。人前で泣かなくてもいいのだから、自分ひとりで思いっきり泣きます。私は、自分にはいつも正直にありたいと思っています。

悲しいときや悔しいときは、神様に祈ります。神様にいろいろぶちまけて、自分の感情を丸出しにします。そうすると、私はなぜ悲しいと思っているのか理由がわかり、すーっと冷静になれるのです。

「相手のせいにしていたけれど、原因は自分にもあった。じゃあ、仕方がないか」と思えるのです。

祈るということは神様との対話であり、つまり自分の感情を言語化することなのだと思います。落ち込みから立ち直るとき、その気持ちを文章に書いてみるという方法がありますが、同じなのかもしれません。

第4章

「働く」ことが日々の張り合い、元気の源に

何らかの「仕事」で毎日出かけています

ほぼ毎日のように何らかの仕事、用事が入っています。

70代は一般に「引退」とされる年代なのかもしれませんが、私は仕事があること、働かせていただけることは、とてもありがたいことだと思っています。日々の張り合いです。忙しく動いているのが性に合っているのでしょう。

出かける用事があることで、生活リズムも整います。人と話す機会も多く、ひとり暮らしの中でも日々刺激を受けています。

〈1週間のスケジュール〉
月曜日：「訪問の日」としている
火曜日：午前中2時間、シルバー人材センターの仕事
水曜日：午前中～昼過ぎまで、教会。朝から約10人分の昼食のおかずを作って持っていく
木曜日：午前中2時間、シルバー人材センターの仕事
金曜日：夕方から3時間、シルバー人材センターの仕事
土曜日：休日。翌日の説教の準備をすることも
日曜日：毎週、朝から午後3時まで教会。定期的に説教を行う。日曜礼拝はクリスチャン、牧師にとってハイライト

予定はカレンダーで管理。教会やシルバー人材の仕事など、毎週のこともしっかり書き込んで。カレンダーは写真が趣味の教会員の方が自作したものです。

水・日曜日は教会の日。火・木・金はシルバー人材センターの仕事の日です。これで週5日が埋まります。

土曜日は休日ですが、翌日日曜日の説教を準備する時間もあり、あまり気が抜けません。

説教は一日でまとめられるものではなく、四六時中考えています。ある意味、1週間ずっと説教に時間を使っていると言えます。

だから、唯一気が抜けるのは、日曜礼拝の終わる日曜の夕方から夜だけ。ぼーっと脱力していることも多いです。

月曜日は姉や叔母、教会に来られなくなった教会員の方など、80～90代の人たち約15人を様子伺いに順繰りで訪ねています。自宅や老人ホーム、病院など様々、場所も自宅の近くから電車で2時間かかるところまで、いろいろです。

教会には毎週食事を作っていき、定期的に説教も

主任牧師は69歳のときに交代をして、協力牧師になりました。教会へは週2回、毎週水曜日の午前中の「祈り会」、日曜日の教会学校の礼拝とその後の主日礼拝に参加しています。

水曜日の祈り会の後に四女の家で開く食事会には、おかずを作って持っていきます。ご飯と味噌汁は四女に用意してもらいます。

日曜日は、9時からの教会学校での説教は月1回、その後10時半からの主日礼

拝での説教は2ヵ月に1回担当しています。

教会学校は0歳～高校生の子どもたちの会で、聖書の話をするのは大人向けと同じですが、子どもが理解できるように、わかりやすい例を出したり、優しい言葉を使います。

時間は10分くらいなのですが、子どもは最初の5分しか集中力が持たないので、そこに重要な話をどのように入れるかを考えます。その後の大人向けの主日礼拝の説教は2ヵ月に1回ですが、25分間と時間も長いので、「どんな話をしようか」とこちらも常に頭を悩ませています。

説教は何年もやっているので慣れているのではと言われますが、いつも緊張しています。大げさに言うと、説教には命をかけます。予定のない日は、聖書を読み込んで説教の準備をしています。また、思いついたことを忘れないように、いつでもメモをとっています。

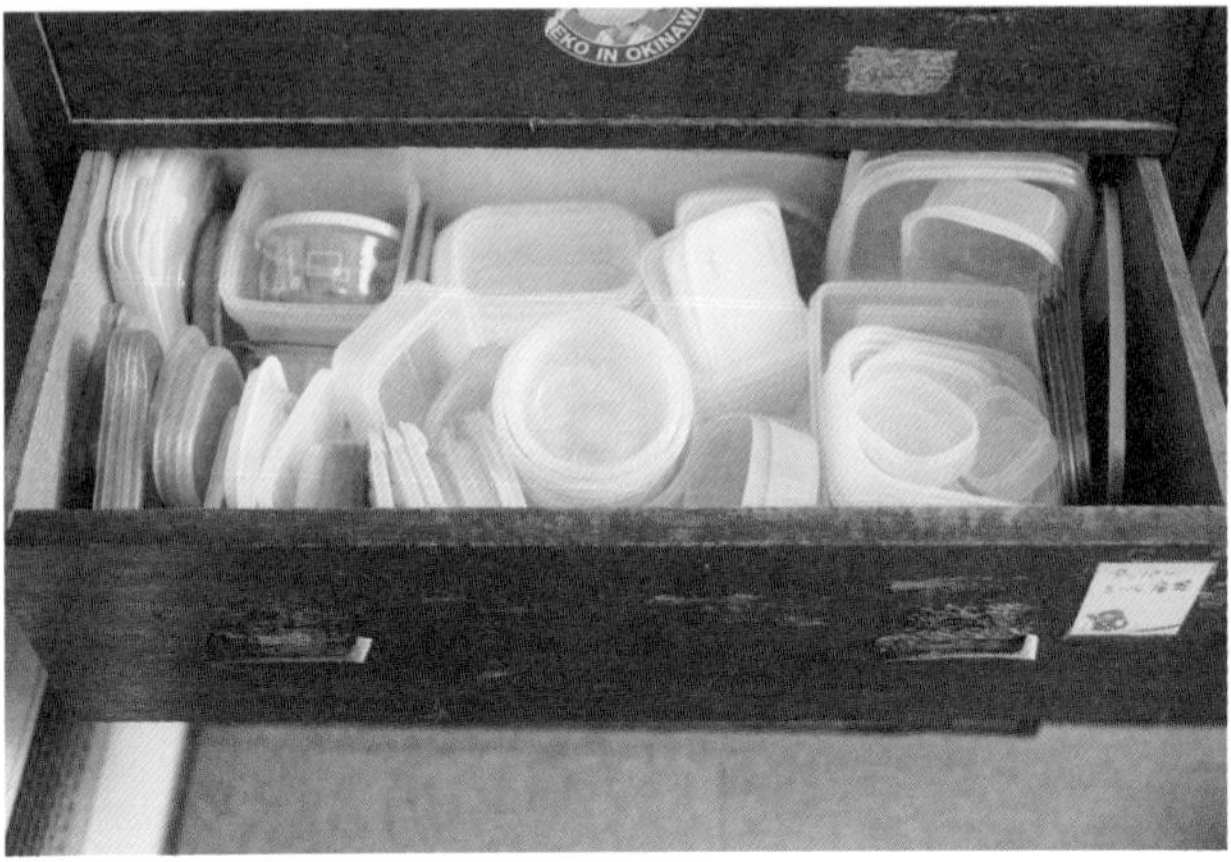

引き出しいっぱいに入れている保存容器。10人分のおかずを持っていくとなると、これくらいは必要です。

年始に親族で集まるとき、20数人分のおかずを持っていくためのカート。

説教を考えるときなど、書き物に使っている机。実は娘の学習机のお下がりです。
すぐに手にとれるよう、辞書や事典類をまとめて。

説教の目的は、聖書の御言葉《みことば》が私たちの今の生活にどう生きるのかを伝えることです。でも、普通に話しても人の心には刺さりません。今、世の中で実際に起こっているエピソードを入れると、自分のこととして引き寄せて考えられるようになります。

ただし、そのエピソードだけが印象に残ってしまい、聖書の御言葉が薄くなるのもよくない。バランスが難しく、いつでもどこでも説教のことを考えていると言っても、言い過ぎではないです。

今日は伝わらなかったかなと思っても、聞いている人に「よかったです」と言われることがあります。また、逆にしっかり準備したのに伝わらないことも。だから、傲慢になるのが一番よくないと常に、自分に言い聞かせています。聞いてくれた人の心に、何かひとつでも刺さるような説教をしたい。喜びと感謝にあふれ、帰ってほしいと思います。

日曜礼拝では、娘たち四家族が基本的に全員参加します。部活や仕事で来られない人もいます。上は20代から下は未就学児まで、孫たちに会って元気をもらっています。

いとこがたくさんいて、孫たちは心強いようです。いとこ同士、同じ学校に進んでいる子たちもいます。

日曜日も礼拝後に一緒に食事をしますが、このときは教会内で。それぞれが自分の昼食を用意します。娘やお婿さんたちはコンビニなどに買いに行っていますが、私は節約のためお弁当持参です。食事をしながら、お婿さんたちの仕事の話だったり、孫の学校の話だったりを聞き、にぎやかに過ごします。

「訪問の日」には高齢の教会員を遠方まで見舞って

教会での説教も大きな仕事ですが、今の私にとって一番の仕事は、電話や訪問などで話を聞くことです。これは仕事というよりも、「神様から与えられた使命」だと思っています。

病気や高齢などで教会に来られない人、遠くに引っ越してしまった昔の教会員、夫に相談していた人など、常に気にかけている人が25人ほどいます。こういう人たちから電話がかかってくることもあるし、最近、話していないなと思ったら、さりげなく「どうしていますか？」と電話をかけることもあります。

先にも書いたように、月曜日の「訪問の日」には、高齢の人たちを見舞います。ごく親しい90代の叔母、80代の姉は昼ご飯を買っていって家を訪問し、一緒に食べながら話を聞きます。

父が親しくしていた方が北関東の病院に入っているのですが、ときどき訪問しています。もう90歳を過ぎていて、家族は遠くに暮らしているので、訪問すると喜ばれます。

かつて教会員で、高齢で認知症や寝たきりとなり、教会に通えなくなった方を見舞います。老人ホームや病院に入院しており、ターミナル（終末期）となっている方が主です。安心して天国に旅立っていただけるよう、お話をしに行きます。ほとんど話せず、目を開けない方も多いので、ただそばで話しかけたり、足をマッサージして差し上げたりするだけです。けれども、喜んでくださっているのがちゃんと伝わってきます。それに私も元気をもらっています。

訪問者も少ないようで、介護士さんや看護師さんたちも歓迎してくださいます。

気にかけている人はたくさんいるので、年に一、二度しか訪問できない方もいます。なかには、訪問はしないで、手紙だけの人も。直接話さずに、神様にお祈りをするだけの人もいます。

牧師の使命として、できるだけ続けていきたいですね。毎月の支出で、電話代が多めなのですが、こんな理由があって削れないのです。

3軒の共働き家庭に通うシルバー人材センターの仕事

シルバー人材センターで伺う3軒は、偶然にも皆小さいお子さんのいる共働き家庭です。

火曜日と木曜日の家庭は、どちらも掃除です。金曜日の家庭は夕方から行って、仕事で遅くなるママの代わりに、夕ご飯を作っています。学童から帰ってきたお子さんと、その日は早帰りのパパと一緒に、夕食をいただいてきます。３人でいつも楽しく盛り上がる食卓です。

どのお宅でも、雇われた人という感じではなく、対等に付き合っていただいているので、ありがたいです。「サポートしてくださり、ありがとうございます」と、言ってもらえます。なかには、他人を家に入れることに、最初はご主人が反対していた家がありました。でも、始める前に面接したら、「あなたなら大丈夫ですね」と言ってもらえました。

私も娘4人を育てながら教会の仕事もしていましたので、同じような状況のご家庭のサポートができるのは、うれしいです。仕事を依頼されているママたちも、娘たちと同世代。実家のお母さんに手伝いに来てもらう感覚で、頼んでくださっているようです。私もそのような気持ちで、お手伝いさせていただいています。

それぞれの家庭に3〜4年通っているので、お子さんたちとも仲良くなり、孫のようにかわいいです。ときどき、お子さんからお手紙をもらうこともあり、それは私の宝物として、部屋に飾って眺めています。

木曜日に通っているお宅では、昨年から猫を飼い始めました。

「猫を飼うことになったのですが、猫は大丈夫でしょうか？」と聞かれたのですが、「大好きです！」と答えました。

子どもの頃から猫が家にいました。結婚当初も猫を飼い、その猫が子どもを産んで、一時15匹にもなってしまったことがありました。

当時は避妊手術をするお金もなく、困りましたが、最終的に皆もらわれていきました。

掃除のときの格好。頭に巻く手ぬぐいは、夏場は鉢巻にして汗止めに。

猫の媚びないところが好きです。シルバーのお宅でも、少しずつ距離を縮め、半年で撫でても逃げないようになり、1年経ってついに抱っこさせてくれました。

いつも「楽しくないと人生じゃない」と考えています。これは夫がよく言っていた言葉で、私も何でも楽しもうという気持ちになりました。だから、仕事も楽しんでいます。

体を動かして働くと、若さも元気も保てるので、仕事があることに感謝しています。働かせていただける限り、この先もずっと働き続けたいと思っています。

他にも勉強会など、定期的に顔を出す集まりが

教会やシルバー人材の仕事以外にも、定期的に顔を出す集まりが2つあります。どちらも長く参加していて、顔なじみも多いので、できるだけ参加したいと思っています。

ひとつは、月1回開催される牧会カウンセリングの勉強会です。

この勉強会はもともと夫が中心になって活動していたもので、いろいろな教派の牧師が集っています。近頃は集まりの人数が減り、毎回15人ほどの参加ですが、

どうすれば相談者に寄り添うことができるかを話したり、教会の問題を打ち明けたりしています。

牧会カウンセリングは牧師の仕事にとって重要なものですが、とても難しい。私もまだまだです。勉強しなければならないことがたくさんあります。


それから、もうひとつは「介護者の会」。とある診療所のサークルのひとつで、介護をしている人たちが愚痴を吐き出す会です。私も縁あって参加させていただくようになりました。

20年以上続いていて、参加者は現在10人ぐらい。すでに介護は終わり、今は自分たちが介護される年回りとなった人が多いので、話題は介護だけでなく、医療、政治、社会問題など、幅広くいろいろなことを話します。

深刻な話をすることもありますが、大声で笑い合うような、にぎやかな会です。ここで福祉に関する情報などを多くもらっています。

他にも、公営住宅の自治会の役員活動もしています。これは、順番で役目が回ってきたので、引き受けました。

私はまだ新米なので、みなさんの後に遅れないようについていっているのですが、たまたま大きな問題が発覚し、それを解決するのに他の役員さんとも協力して乗り越えました。

今までは役員の任期は1年でしたが、今回のように問題が発覚したときに、解決して立て直すには1年では足りないということで、今年から任期を2年に。最近、規則を改定したところです。

考えてみると、生まれてからずっとクリスチャンに囲まれて生活してきました。様々な人が暮らすこの集合住宅に単身で引っ越してきて、今までとは違う新しい環境での生活は、新鮮です。この年齢になっても、まだ自分には知らないことがたくさんあるなと感じています。

いろいろな人と関わりを持ったほうが、ずっと元気でいられると考え、できるだけ集まりには参加したいと思っています。少しでも人の役に立てるのがうれしいし、喜ばれると私も元気をもらえます。

第5章

日常生活のひとつひとつを大切に

物には「寿命を全うしてもらう」という考え方

今の住まいにある家具は、どれも昔から使っているものばかり。

左の写真の箪笥《たんす》は、夫の叔父から譲り受けた年代物です。正確なところはわかりませんが、明治生まれの人だったので、60～70年は前に作られたのではないでしょうか。昔のものは作りがしっかりしており、壊れません。長年使っていますが、引き出しも問題なく動きます。

とはいえ、サイズが大きく場所をとるので、今の住まいに引っ越しをするとき、いよいよ処分しようかと考えました。でも、娘のひとりから、「置けるような家

に引っ越したら引き取るから、もう少し持っていて」と言われました。まだまだ行き先がありそうです。

簞笥の奥にある食器棚は、叔母が買い替えるからともらったもので、40年ぐらいは使っています。なぜか簞笥と奥行きも木の色味も同じで、並べて置いても違和感がありません。

電子レンジやトースターは17年ほど使っています。今は高性能なものがあるようですが、いずれも温めるだけ、パンを焼くだけのシンプルな機能で十分なので、壊れるまで使い続けるつもりです。

電卓は乾電池式の45年選手です。問題なく使えているので、買い替えることなく今に至ります。

長く使ってはいますが、物に特別な思い入れはありません。物は物。でも、あるものは大切に使いたい。

今は、まだ使える家電でもどんどん買い替える風潮ですが、壊れるまで使いたいという思いです。物には「寿命を全うしてもらう」という考えです。結果的に節約になっています。

壊れないように、大事に扱っているということもあります。躾に厳しかった父から、「扉をしめるときは音を立てない」とか「蓋は静かにしめなさい」などと言われていました。

私が直接言われたわけではなく、兄や弟の扱いが乱暴だったのか、よく注意をされていて、それを聞かされているうちに自然と「物は優しく扱う」ことが身についたのだと思います。

30年ほど使っている革の表紙の聖書は、ずっと欲しかったものでした。聖書は何冊か持っていますが、革の表紙のものは高価なので、やっと買えたときはうれ

17年ほど使っているトースターと電子レンジ。まだまだ現役です。トースターでこんがり焼いたパンを朝食に楽しんでいます。

乾電池式の45年物の電卓。計算をするのに、まったく支障はありません。インコの置き物は、インコ好きの私に友人がプレゼントしてくれたもの。

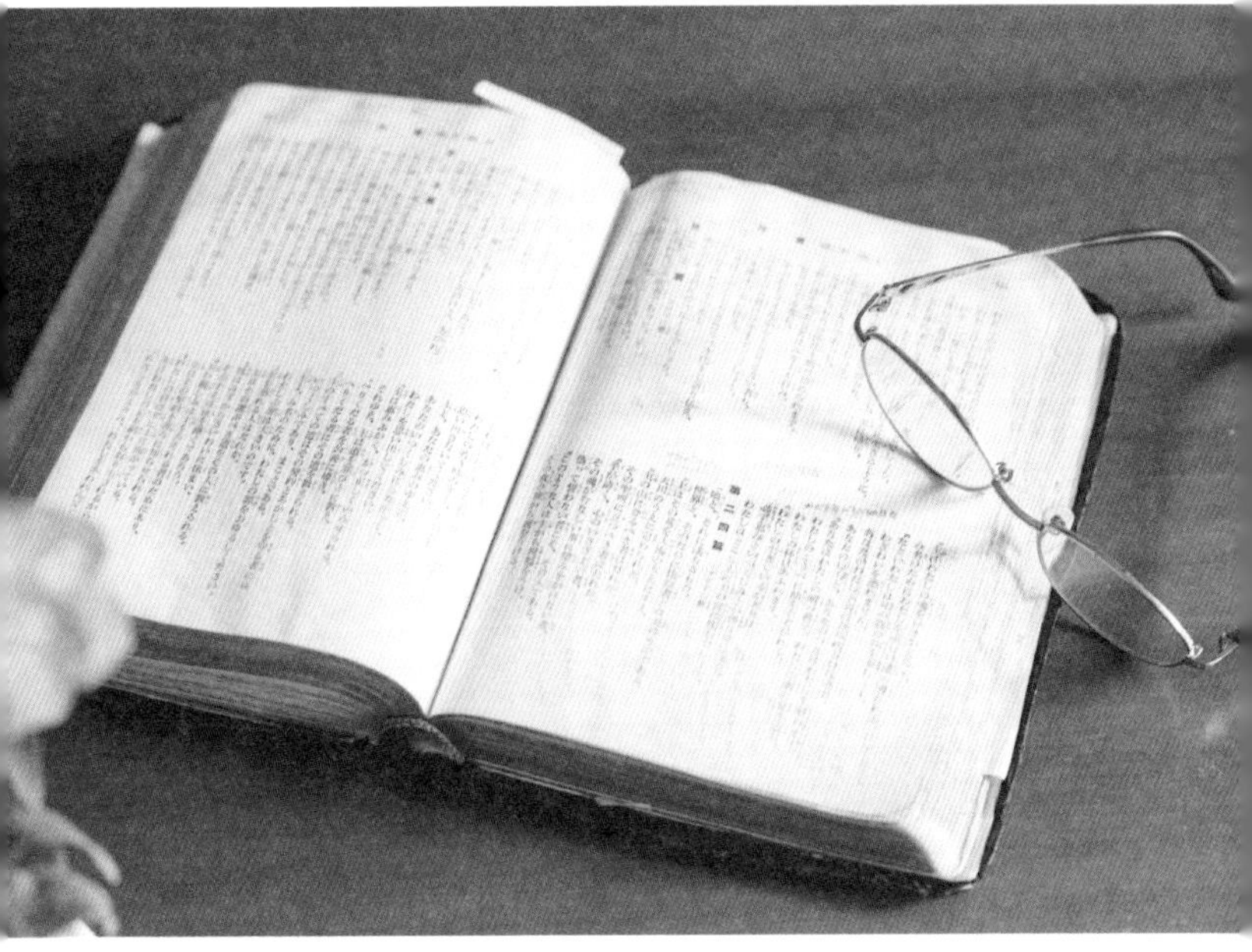

30年使っている、革の表紙の聖書。牧師でも、聖書のすべての内容を暗記できているわけではありません。見るたびに新しい発見があります。

しかったです。

聖書そのものに思い入れがあるというよりは、勉強してきた過程が書きこまれているることが、私にとっては宝物。とくに59歳から10年間牧師をしていたとき、説教をする前にじっくりと読みこむなど、苦労を一緒にしてきた相棒です。

今でも、この聖書で勉強をしています。他の聖書にはしなかったけれど、これにはどんどん書き込んでいきました。書いてあることを読めば、過去に自分がどう解釈したかがわかるし、今あらためて考えるときの指針にもなっています。

まだまだこの聖書で、勉強を続けていきたい。いつ読んでも、常に新しい発見があります。若い頃はよくわからなかったけれど、年齢を重ねた今だからこそ、より深く理解できることもあります。一生、勉強だと思っています。

ひとり暮らしなのに布団がたくさんある理由

ひとり暮らしですが、4〜5人泊まれるくらいは布団があります。

以前、夫と住んでいたマンションには、教会員や娘や孫たちが来て、泊まっていくことがありました。だから、布団はもっといっぱいあったのですが、夫の死後ここに越すときにかなり処分しました。

今の家は狭いので、人が泊まりに来ることは少なくなりました。でも、地震や台風などの災害時に、4〜5人なら雑魚寝できるようにと、そのくらいの布団を持っているのです。だから、敷き布団と掛け布団のセットではなく、雑魚寝用に掛け布団が多めです。

最近、うちに泊まるのは神学校時代の同級生です。女子は二人しかいなかったので、自然と仲良くなり、50年以上の付き合いになりました。彼女は東北の教会で牧師をしていましたが、今は娘さん夫婦に譲りました。

ずっと仕事、家庭と忙しくしていたので、年賀状のやりとりくらいでした。でも、少し時間ができた13年前くらいから、頻繁に交流するようになりました。毎年1回、お互いの教会で協力牧師として説教をしたりなどして、それぞれの家に1泊します。

うちに泊まるときは、狭い部屋で申し訳ないなと思いながら、気持ちは学生時代に戻ります。おしゃべりが弾む楽しい時間です。

叔母からもらって40年使っている食器棚には、まだぎっしりと食器が入ってい

取り皿はとくにたくさん持っています。どれも昔から使っているものばかり。自分ひとりの食事のときも、おかずをひと皿ずつ盛りつけ、並べて楽しんでいます。

押し入れにある布団。掛け布団がほとんど。部屋にはラグが敷いてあるので、敷き布団がなくても当座は寝られます。

ます。

でも、ここに引っ越してくるときに食器は3分の1に減らしました。同じような食器棚が、あと2つあったのです。ときには25人分ほどの食事を用意することがあったので、それだけの食器が必要でした。

以前よりもご飯を食べに来る人は減りましたが、月1回、4番目の娘家族が昼ご飯を食べに来ます。それから、月2回、近くに引っ越してきた孫が、仕事帰りに夕ご飯を食べに来ます。

また、年に数回ですが、教会に興味がある人が話をしに来るとき、ご飯を作ることがあります。数は減りましたが、ご飯を食べに来る人がいるので、食器がたくさんあるのです。

物には思い入れがないので、娘たちに残すものはありません。箪笥のように、ほしいと言われたものは譲りますが、私が死んだらこの家にあるものは、「すべて処分していい」と娘たちに伝えています。処分を躊躇するような高価なものはないので、遺品整理で娘たちに苦労させることもないでしょう。

夫も同じように考えていたので、亡くなったときに夫のものはすべて処分しました。唯一処分できなかったのは、夫の説教や講演会を収録したテープ、説教の要約を箇条書きにしたもの。一度は聴いたり、読んだりしてから、処分しようと思っています。

#「思い出」は忘れないように部屋に飾って

玄関に、夫がまだ生きていた頃に4人の娘とその夫、孫たちと撮った写真、孫たちの小さい頃の写真などを飾っています。

思い出を飾るという大げさなものではなく、みんなで撮った写真をしまっておくのがもったいないと思ったから。前の家では飾る場所がなかったのですが、この家に引っ越してきたら、玄関にちょうどよい場所ができました。

私が眺めて楽しむというよりも、孫たちが遊びに来たときに昔の写真を見て、

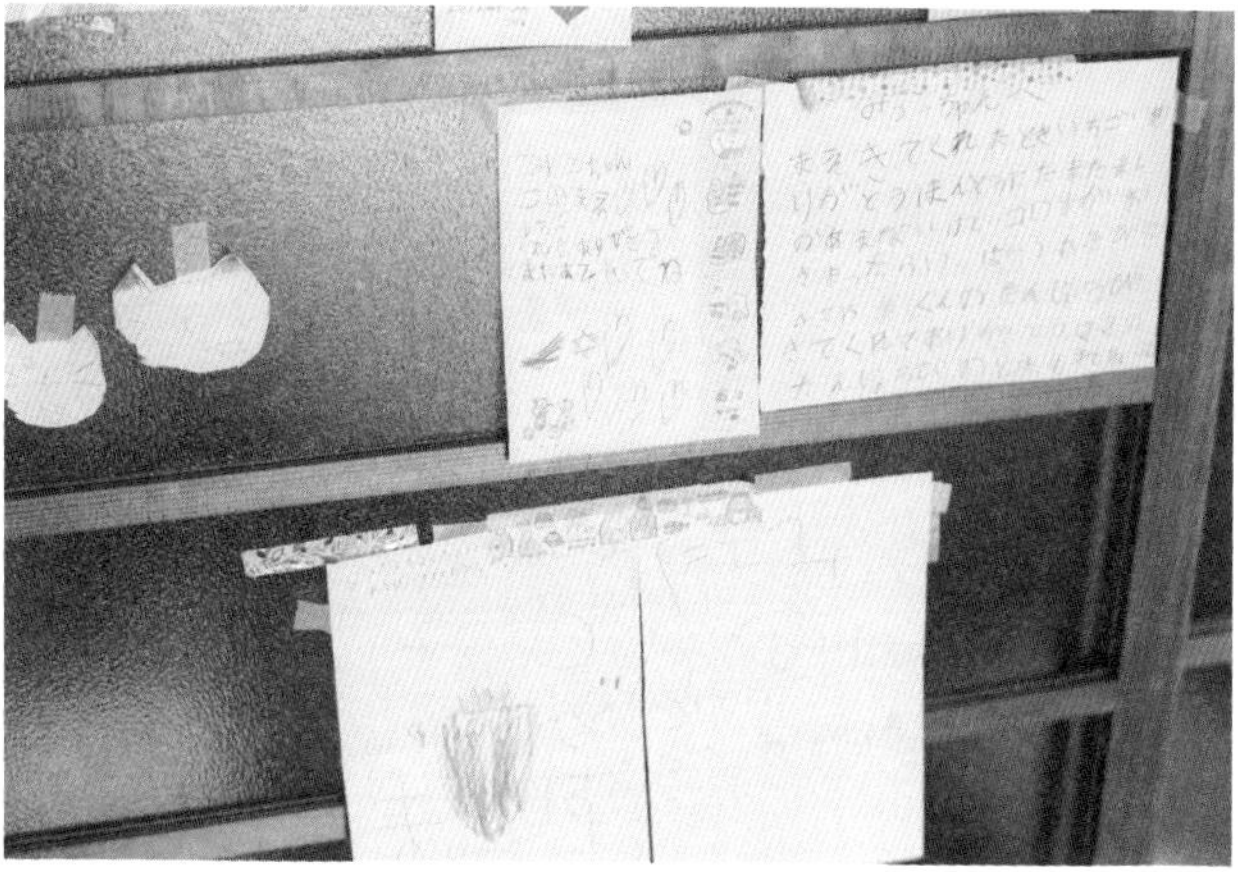

孫やシルバー人材のお宅のお子さんからもらったもの。覚えたての文字で一生懸命書いてくれたお手紙は、宝物です。かわいい絵にも癒やされています。

美術展の半券は捨てずにとっておきます。チケットを見れば、そのときに感動した絵画を思い出すことができ、豊かな気持ちになります。

「お、おれは、こんな小さかったんだ」なんて喜んでくれるのがうれしい。

孫たちは全部で16人で一番上は24歳、一番下は1歳半です。24歳の孫は市役所勤め、22歳の孫は消防士になるなど、働き始めた子もいます。公務員は安定していてよいとわかり、その下の孫たちも公務員を目指すようになったとか。いとこ同士で情報交換しています。


1Kの間取りの、台所と居室を隔てるガラスの引き戸は、ちょっとしたものを貼っておくのにぴったりな場所です。

姉や友人と一緒に行った美術館のチケット、教会員の方からもらった子どもの写真入りの年賀状、孫やシルバー人材センターの仕事で訪問しているお宅のお子さんからもらった手紙などを貼っています。

しまっておくとなかなか見ませんが、貼っておけば通るたびに目に入るので、楽しい。行った場所を忘れずに済みます。孫や子どもたちの手紙は、とくに心が温かくなります。

ひとり暮らしだけれど寂しくないのは、こんなふうに家族や教会員、シルバー人材センターの仕事先のご家族など、周りの人たちの温かい気配をいつも感じているからかもしれません。

ひとりだけどひとりじゃない、そんな距離感が心地よいですね。

旅行は回数が少ないからこそ1回の感動が深く

金銭的に余裕がなく、毎日忙しいので、旅行には行っていません。また、特別に旅行に行きたいという思いもありません。

協力牧師として年に1回、東北の友人牧師の教会を訪ねるのも、ちょっとした旅ではあります。今はもうしていませんが、観光をして帰ってきたことも。「訪問の日」に、電車で2時間かかる場所へ出かけることもあります。車窓から風景を眺め、小旅行気分を味わっています。

教会の夏期学校で、自然豊かな場所に宿泊します。そう考えると、案外たくさんの「旅行」をしていますね。

海外旅行については、53歳のときにイスラエルに行くことができたので、もう十分満足しています。

イエス様がその足で歩かれた地へ、死ぬまでに一度は行ってみたいとずっと思っていたのですが、子どもたちがまだ小さいし、旅行代も高いしと、なかなか実現はしませんでした。

でも、たまたま格安ツアーを見つけたこのときは、「今なら行ける！」と思えた時期でした。一番下の娘が18歳になっていたので、ミッション系の幼稚園の先生をしていた叔母と行くことにしました。

夫はすでに、教会員を連れたツアーでイスラエルに行ったことがあったので、留守番をお願いしました。教会には牧師がひとりはいたほうがいいと、どちらかが残るようにしていたのです。いつもは私が残って、夫が出張や旅行に出かけていましたが、このときは反対になりました。

イエス様が生まれた生誕教会、十字架を背負って歩いたヴィア・ドロローサ（苦難の道）、布教活動をしていたガリラヤ湖など、聖書の中で思い描いていた光景が目の前に広がったのには感激。

とくにガリラヤ湖は、聖書の中のイエス様が湖の船から話しかけられたという光景をイメージできました。他にも、イエス様やペテロが石を投げられたという聖書の話も、石があちこちに転がる実際の石畳の街の様子を見て納得しました。

1週間という短い期間でしたが、実際に現地に行った後、聖書の読み方が変わりました。今まで以上に、より深く理解できるようになったと思います。

もちろん、もう一度訪れて、もっと時間をかけてゆっくりと、いろいろな場所を回ってみたい。でも、年齢的にも金銭的にも難しいなと思うので、イスラエルへの旅行を特別なこととして、大切にしたいです。旅行は何度も行くと感動が薄れると聞きますが、1回なら深い感動のまま忘れません。数が少ないことも、案外よいことだなと思うのです。

この旅行で、驚いたことがありました。

私は子どもの頃から乗り物酔いがひどく、旅行中もずっと体調はよくなかったのです。観光はほとんどがバス移動、さらに石畳の道ばかりでとにかく揺れました。ツアー中は、食事は朝食しか食べられないほど弱っていました。

ところが、旅行から帰ってきてから、乗り物酔いが軽くなりました。ひどい揺れを経験して体が鍛えられたのか、あまり酔わなくなったのです。驚くと同時に、イエス様のお恵みかもしれないと感謝しました。

植木の花が咲いただけで、空が晴れただけで幸せ

家には花やグリーンを欠かしません。

花が咲いたり、葉が伸びたりするのを見ると、幸せな気持ちになります。夫が亡くなったときに、娘の義理のご両親から立派な胡蝶蘭をいただきました。これが伸びてきたので、3つに株分けして育てているのですが、どれも毎年きれいな花を咲かせてくれます。

紫の花のセントポーリアは、よく行く美容院から株分けしてもらったもので、3倍ほどの大きさに成長しました。

ベランダに置いている沈丁花は、わざわざ株分けして育ててくれた、教会員の方からのプレゼント。春になると花が咲き、よい香りがします。

弟からもらった山椒の木は、春の新芽を筍ご飯に添えたりして楽しんでいます。

ときどき、葉を撫でてホコリをとったり、「元気に育ってくれてありがとう」なんて話しかけることもあります。気のせいか、元気になるように感じます。

部屋の中にも、できるだけ花を飾ろうと思っています。見ているだけで、心が癒されます。でも、たくさんはいらない、1本で十分です。

日曜日に、近所のスーパーで花が1本98円で売られているので、それを買います。余裕があるときは、2本買うときもありますが、1本だけのことが多いです。

家に帰ってテーブルの上に飾ると、幸せな気持ちになります。

母の日や誕生日にほしいものを聞かれたら、「あなたの好きな花を1本ください」と答えます。

家に花がないときは、公営住宅の敷地内の花を見るだけでも元気をもらえます。空が青くても、雨が降っていても、自然の恵みをありがたく思います。シルバー人材センターの仕事で訪問しているお宅のマンションから、晴れていると富士山が見えることがあります。富士山が見られるなんてうれしい。そして、何か得したような気分になります。

いつでも目の前のことを「最高のものにしよう」と向き合う

私は複数のことを同時にできないので、仕事でも家事でも目の前のことに集中します。夫が「楽しくないと人生じゃない」といつも言っていた人なので、私も「何でも集中して楽しもう」と思うようになりました。

牧師として説教をするときも、シルバー人材センターの掃除の仕事も、ご飯を食べるときも、昼寝をするときも、今目の前にあることを「でき得る限り最高のものにしたい」と思って向き合います。

ご飯を食べるときは、保存容器のままテーブルに出さないようにし、おかずは皿に盛り、ご飯は左、味噌汁は右にと、きちんと並べます。

これは父や母からの教えで、自然に身についたこと。そうしないと落ち着かない。ひとりだからこそ、きちんと並べて食べると、「おいしかった」という満足感になるように思っています。

それから、私は昼寝が大好き。午後に時間があるときは1時間～1時間半ほど昼寝をします。この後の晩ご飯の支度や家事を元気にするための、私にとってのエネルギー補給。

出かける用事があるときは、目覚ましをかけて15分で起きる、ということもありますが、短時間でも昼寝をすると体がラクになるのです。

昼寝も最高のものにするために、畳の上に寝転んだりしないで、必ず布団を敷きます。寝心地が悪くて、熟睡できないのはよくないなと思います。何かしながら居眠りすることはありません。眠くなったら、布団を敷いて寝てしまいます。

よく年をとると、昼寝をした日の夜は寝られなくなると言われますが、私の場合は1時間～1時間半の昼寝なら、夜も熟睡できます。体力がないのかなと思いますが、今は昼寝で元気を保っています。

できるだけ集中した結果、よいことがあったというエピソードで、こんなことがあります。

まだ子どもたちが小さかった頃のクリスマスに、飼っていたインコを夕方まで外に出しっぱなしにしていたことがありました。教会に人がいっぱい来て忙しく、インコを忘れていたのです。

とても寒い日で、インコが止まり木につかまったまま、カチンコチンに凍っていました。私は、インコを丁寧に止まり木から外し、石油ストーブの前に座って、手でそっと包んで温めました。すると1時間たったら、ピクッと一瞬動いたのです。さらに1時間温めていたら、今度は全身が動いて、インコが生き返ったのです。そのときは、本当にうれしかった！

山で遭難したとき、冷えた体を体温で温めるとよいと聞いたことがあったので、手で温めるのが効果的だと思いました。インコは生き返って、子どもたちも大喜び。その後、インコは長生きしました。

シルバー人材センターの仕事でもこんなことがありました。

掃除をしていたら、お子さんの名前入りのコップの縁を欠けさせてしまったのです。きっと大事な思い出の品でしょう、とんでもないことをしました。お子さんとママに謝り、「家に持って帰って修理させてほしい」とお願いしました。

接着剤を使いましたが、指で挟んでいないとくっつかないので、1時間以上じーっと動かずにいました。なんとか修復し、コップを戻しに行きました。

後日、ママからは、

「あのコップはいただきもので、子どもも私もそれほど思い入れがなかったのです。でも、直していただいたことで、特別なコップになりました」

と言ってもらい、私もうれしかったです。

71歳からプール通い。いくつになっても新しい挑戦

71歳のとき、かなづちを克服しようと、公営プールの水泳教室に通いました。テレビ番組で、シニアの水泳大会で優勝した90代の人が「70歳から水泳を始めた」と話していたので、「私にもできるかも」と挑戦を決めました。

年初の教会学校の課題で「今年の目標は何ですか?」というのがあって、私は思いきって「今年はかなづちを克服して、泳げるようになりたい」と書きました。皆の前で発表してしまえば途中でやめられなくなるし、応援してもらえれば力になると考えました。

泳げるようになりたいとずっと思っていました。私が子どもの頃は、プールの授業はなかったので、泳ぎを習ったことがありません。大人になってからも、子どもたちと一緒に海に遊びに行ったくらいで、泳ぐ機会はなかったのです。

近くの公営プールの水泳教室に3期連続で通い、どうにか泳げるようになりました。まだ、息継ぎはうまくできないのですが、25mプールの半分まで泳いで足をつき、それから最後まで泳げるようになりました。

水泳教室が終わった後は、常駐の指導員さんから無料のレッスンを受けていました。けれども、今はプールが改装中でお休み。再開したら、また通って息継ぎをマスターしたいです。

プールから出た後、何とも言えない爽快感を味わっています。この年齢になっても、新しい体験ができるものですね。

テレビを見ているとき、気になったことは壁に貼った紙にメモするようにしています。

「へぇ〜、そうなんだ」と思ったことも、書き留めておき、目につくところに貼っておかないと、すっかり忘れてしまうのです。

1枚の紙にランダムに書き込んでいるので、他の人が見たら「？」かもしれませんが、自分で見れば「あ、あのことね」と思い出します。

「フラリーマン」「ハンドスピナー」なんて、今どきの言葉が並んでいます。

携帯電話をスマートフォンに替えて、1年がすぎました。使っていた携帯電話の機種が生産中止になるとのことで、契約更新のタイミングでスマートフォンにしました。なかなか使いこなせないのですが、興味津々ではあります。

LINEは始めてから半年くらいです。娘が、連絡が取りやすいからと、LINEのアプリをダウンロードしてくれました。娘や孫、シルバーの仕事先のママたちとのやりとりは、ＬＩＮＥでしています。

　最近、２週間に１回、近くに引っ越してきた保育士の孫が夜ご飯を食べにきます。孫との何気ない時間が楽しみになっていますが、そんなときスマートフォン、ＬＩＮＥのことなどを教えてもらっています。

　それから、お店をやっている教会員の方のＦａｃｅｂｏｏｋを見ようと思って登録したら、思いがけずに、アメリカにいる元教会員の方から連絡がきました。

　海外にいる人とはクリスマスカードのや

壁に貼り出した紙に、気になったことを書きつけて。見ると、何のことだったか思い出します。

スマホの操作にもだいぶ慣れましたが、まだまだ使いこなせてはいません。LINEはとても便利。スタンプも使ってみたりしています。

りとりくらいでしたが、SNSだと時間を気にしないで手軽に連絡がとれるのがよいですね。

ただ、新型コロナウィルスの自粛期間で、電話のよさを再確認しています。LINEのメールやFacebookとは違い、直接声が聞けると心が温かくなります。

便利なツールと電話は、どちらかに偏らず、バランスをとりながら使いたいと思います。

日常の中にたくさん見つかる小さな発見

クリスマスに近くなると、クリスマスカードを買うために銀座の教文館に行きます。

キリスト教の本を多く扱っている書店ですが、聖書の御言葉が入ったカードはここでしか買えないので、毎年必ず行くのです。

クリスマスカードは、しばらく教会に来ていない教会員など、なかなか会えない人に送ります。中には、クリスマス礼拝で会うのに送ってくださる方もいて、そういう場合もお返事を出します。

クリスマスシーズンでなくても、ときどき教文館に行くことがあります。余裕があれば買うこともありますが、ほとんどはチラチラ見るだけ。いろいろな本を見るだけでも楽しい気持ちになるので、お気に入りの場所なのです。

時間があるときは、無印良品に寄ったり、他のお店をウィンドウショッピングすることも。こんなとき、私はひとりで行きます。誰にも気を使わずに、好きなだけ本を眺め、好きな道を歩きます。

銀座は小さな路地がたくさんあります。今まで歩いたことのない道をあえて歩くと、ここにこんなお店があるんだとか、この道とこの道がつながっていたんだとか、新しい発見があります。

街をひとりで歩くことは、私にとってお金がかからない楽しみのひとつ。「ああ、楽しかった」と満足して、帰ってきます。

教会ではピアノではなく、オルガンを弾きます。ピアノとは指の使い方が少し違います。

新型コロナウウィルスのために自粛生活を送ることになりましたが、今までなかなかできなかった、聖書をゆっくり読んだり、小さな電子ピアノで賛美歌を歌ったり、家時間を楽しんでいます。

家での時間をこんなふうに過ごせるんだと、新しい発見になりました。

教会に皆で集まれなくなったり、孫たちに会えなくなったりしてみると、今まで当たり前にしてきたことが、どれほどの「恵み」だったかと思い知らされました。

それから、しばらく会っていない人から電話をもらいました。「声が聞けてよかった」と言ってもらい、自分のことを心配してくれたのだとうれしくなりました。私も同じように、「声が聞きたいから電話をしたのよ」と、普段はかけない人にかけたら、受話器の向こうの声もうれしそうでした。

最近、電話をすることが少なくなっていましたが、電話で話すのはこんなに楽しいんだと、新発見です。

大変なことがあって前向きになれないことがあります。でも、どんな場合でも、少し周りを見てみると、新しい発見があります。

困難な状況の中でこそわかる、新しい発見を大切にしたいと思います。

第6章

くよくよ悩まずに生きるコツ

「人のため」ではなく「自分のため」で生きるのがラクに

何かをするときに人のためだと思うと、「これだけやってあげたのだから、もっと感謝されたい」と思ってしまいがちです。でも、「自分のためにやっている」と思ったら、相手に見返りを求めなくなり、気持ちがとてもラクになりました。

誰かに何かをしてあげるのは、自分がやりたかったから。手を抜くと自分が気持ち悪いから、何事も一生懸命にやる。人のためではなく、すべては自分のためと考えます。

私も昔からそう思っていたわけではありません。

牧師の大きな仕事である牧会は、一般的に言えばカウンセリングであり、相談者の話を聞き、一緒に悩み、苦しんで、悲しみます。

教会は関係者しか中に入れないと思われているようですが、そんなことはないのです。クリスチャン以外の方にも、それこそ万人に扉は開かれています。どなたでも相談に来ていただけます。

もちろん、お祈りだけでもよいし、休むだけでも大丈夫。キリスト教に入信する必要もありません。もちろん、そうしていただけたらうれしいですが。

相談者はシングルマザー、夫のＤＶに悩む人、介護をしている人など、いろいろな人がいます。悩みは解決することもあるし、解決しないこともあります。中には、解決したとたんに来なくなる人や、途中で音信不通になる人もいます。

だから、「これだけやってあげたのに……」と思って、気持ちがつらくなることがよくありました。そんな経験を重ねて、気がついたのです。

相手に見返りを求めたら、嫌な気持ちになります。相手のためにやったのではなく、自分も一緒に悩み、苦しみ、悲しみを共有したかったから。こう思ったほうが、ずっと気持ちがラクになりました。


これは牧会だけでなく、毎日の生活の中でも当てはまります。

私は自分にはできないなと感じたら、無理にはしません。「なんで私ばっかり」と不満が出てきたら、早めにやめます。

何事も自分のためにやっていると考えるようになったら、生きることがずっとラクになりました。

誰に対しても態度を変えない

教会の教会員には、年齢も職業も様々な人がいます。

小さい子どもや大学教授、有名な芸能関係の人もいます。でも、神様の前では、皆が平等です。社会的な地位は関係ありません。

私は牧師をしていますが、教会で一番偉い立場ではありません。教会での仕事は役割分担なので、そこには上下関係はありません。ある人は牧師として説教をし、ある人は教会学校の教師をし、ある人は教会員として説教を聞きに来るなど、それぞれが役割を担っていると考えます。

また、牧会をするときは、牧師と相談者は並んで神様を見上げています。だから、牧師は上、相談者は下というような上下関係はありません。

誰に対しても平等に、丁寧に接したいと思っています。

年上だから、年下だからと態度を変えることはありません。孫に対しても、年下だから自分より下に見ることはないです。

私が年上だからと、何かアドバイスをすることもないです。もちろん質問をされたら答えますが、何事も自分で決めるのが一番。それに、孫にとっては両親がいるので、私はよけいなことを言わないようにしています。

常に相手に対して、一歩引くように心がけています。

人間は誰でも、相手より上に立ちたいものですが、私は相手を立てるように行動したい。でも、我慢はしません。相手との関係は常に対等で、言いたいことを言い合えるのが理想です。

私の中にも「人よりも上に行きたい」という気持ちが、根本的にあるのです。だから、あえて「少し控え目にしよう」と、自分を戒めているのです。

人間関係で消耗しない「切り替え」のコツ

人の悩みの多くは人間関係に関することです。私自身も人間関係で悩むことが多いです。教会でも、今住んでいる公営団地でも、信頼関係を作るのは難しい。

そんなときは、神様にお祈りをします。自分の状況を話して、どうか助けてくださいとお願いします。神様に見守っていただけるから、必ず解決すると信じています。難しい問題のときは、あきらめずに5年先、10年先に解決すればいいと長い目で見ています。

同じ棟の住民で、誰が挨拶しても挨拶を返さない方がいます。私もずっと無視されていたのですが、3年ほど挨拶をし続けていました。すると先日、初めて挨拶を返してくれたのです。うれしい出来事でした。

自分に対して相手が嫌なことをすると、「私のことが嫌いなのかな？」と悪いほうに考えてしまいます。でも、相手の気持ちは、こちらにはどうすることもできません。相手が私を嫌っているかどうかは、考えても仕方がないこと。

こんなときは、

「この人は何かの事情があって、今挨拶ができないのだな」

と考えます。

誰に対しても態度を変えたくないので、無視されるからといって、こちらも挨拶しないということはしません。挨拶してくれないことを、自分への悪意だととらえることもしないのです。いつか挨拶を返してくれたらいいなぁと、淡々と続け、3年で実ったのでした。それ以来、その方は必ず挨拶を返してくれ、ときどき立ち話もするようになりました。

私は牧師として、たくさんの人の話を聞いています。中には、切羽詰まった相談者が夜中に電話をかけてきたり、何時間でも話し続けたりすることがあります。こんなときは、じっくり相手の話を聞くようにして、相談者に落ち着いてもらいます。

電話をしているときは１００％相手に集中しますが、電話が終わったら、さっと頭を切り替えるようにしています。

さらに、夜遅く電話をかけてくる人には「夜10時までにお願いします」、長々と話す人には「今日は30分以内でお願いします」と、自分の都合をきちんと伝えるようにしています。

私がつらくなり、相談にのるのが嫌になるのはよくない。自分が元気でいることが、大切だと思っています。

気持ちが落ち込んでしまったとき、テレビを見て大声で笑うことがあります。オーバーに喜んだり歌を歌ったりして、あえて声を出すと、気持ちが明るくなるのです。

それから、自分自身に「ミツコさん、しっかりしなさい」「ミツコさん、あんまり悩むんじゃないよ」と語りかけることもあります。

まるでひとり芝居ですが、客観的に自分を見ることができ、その問題に溺れないですむのです。

子育ても介護も、目標は相手の自立

教会にはいろいろな人が来るとお話ししましたが、「鎌倉から来たけど、帰りの電車賃がなくて帰れない。電車賃を貸してください」というようなことを言う人もいます。

そんなとき、私はお金をあげません。中にはアルコール依存症の人もいて、お金をあげるとすぐにお酒を買って飲んでしまう。小さな親切が、その人にとって役に立たないこともあります。

私は母から、「お金を貸してくださいと言う人には、おにぎりをあげなさい」

と教わりました。

「本当に死にそうな人だったら、おにぎりを喜んでもらうはず。それをいらないときは、それほど困っていない」と。だから、私もおにぎりを渡すようにしていました。喜んでもらう人がいたり、怪訝そうな顔をする人がいたり、反応は様々でした。

夫は、そういうときに行政や病院を紹介することもあり、一緒に付き添って行ったりもしていました。

牧会の最終的な目的は、相談者の自立です。自分のことは自分でできるようになることが、大切だと思っています。

これは子育てや介護でも同じです。何かにつまずいたとき、やってあげたほうがラクなのです。でも、下手でも、遅くても自分でやるほうが、本人にとってはうれしいこと。時間はかかりますが、本人ができるようになるまで見守りたいです。

こんなふうに思えるようになったのも、今まで関わってきた、たくさんの相談者のおかげだと思います。

今、私もひとりで、自立して生活しています。年齢的には、いつ何があってもおかしくないですが、できるだけこの生活を続けていきたいと思っています。

「つい人と比べてしまう」のは人間なら当たり前の反応

私もまだまだ修行中ですから、達観して生きているわけではありません。無意識に他人と比べてしまうことがあります。相手が自分より才能があったりうらやましい部分があったりすると、「あの人はすごいな。それに比べて自分はダメだ」と落ち込んでしまいます。

他人と比べることは、人間の本能なのだと思います。だから、避けるのは難しい。でも、そういう気持ちが出たときには、意識的に「ダメダメ。人と比べない」と思うようにしています。

人間である限り、妬みや人と比べる気持ちからはなかなか自由になれません。私も毎日戦っています。だから夜、神様に祈り、「ごめんなさい」と謝って反省するのです。

神様に祈ると、心がすーっと落ち着きます。神様との関係は、いつでも自分との一対一。そこに他者は入ってきません。神様は、常に「ありのままの私」を受け入れてくれ、愛してくださいます。神様に祈ることで、「私は私」という気持ちを取り戻すことができます。

周囲を見渡せば、必要なものはすでに全部そろっている

今は全部そろっていて、満ち足りています。

暖かい家があり、健康な体があり、今日食べるご飯がある。空は青く、花は美しい。お金も、今ある分で十分ありがたい。

何かが足りないと思うのは、人と比べてしまっているからかもしれません。そんなときは「比べない！　私は私」と自分に言い聞かせます。

どんなことがあっても、そこに良い部分を見つける。これが聖書の考え方です。

たとえば、病気になってても「早く見つかってよかった」、掃除をするときも「筋トレになってよかった」など、必ず大変さを楽しもうと思います。

私が今まで一番苦しかったなと思った経験は、40代のときの夫婦のすれ違いでした。

夫は仕事でほとんど家にいない、私は4人の娘の子育てと教会の仕事で忙しい。一緒にいる時間が短くなり、相手のことが信頼できなくなりました。

夫が教会員と談笑しているのを見ると、「私の悪口を言っているのでは」と疑うこともありました。娘たちからは「お父さんとお母さんはいつ離婚するの?」と心配されるほど、険悪だった時期も。

そんな期間が10年ほど続きましたが、年を重ね、だんだん相手の気持ちが理解できるようになり、どうにか離婚は回避できました。

とても苦しい体験でしたが、試行錯誤したことで、人の気持ちをより深く理解できるようになりました。牧会の相談者への対応にも活かされているので、牧師

として貴重な体験だったと思います。

悩みがあるときは、神様にお祈りして吐き出します。自分ひとりで背負っているとは思わない。半分は神様に託してしまいます。神様はオールマイティのカウンセラーなので、気持ちを吐き出すと落ち着きます。

私は祈ることで「相手ばかり責めていたけど、自分も悪かった」と冷静になり、「あのときこうすればよかった。今度はやってみよう」と前向きになれます。

私は聖人君子ではありません。いつでも悩み、迷い、苦しんでいます。泣くことも怒ることもあります。ありのままの自分を大切にし、これからも生きていきたいと思います。